Marketing invisível: estratégias para vender produtos digitais sem a presença nas redes sociais

Copyright © 2024 Reginaldo Osnildo
Todos os direitos reservados.

APRESENTAÇÃO

O CONCEITO DE VENDAS DISCRETAS

COMPREENDENDO SEU PÚBLICO SEM REDES SOCIAIS

SEO PARA PRODUTOS DIGITAIS

E-MAIL MARKETING EFICIENTE

PARCERIAS E AFILIADOS

PLATAFORMAS DE VENDAS ALTERNATIVAS

PUBLICIDADE PAGA FORA DAS REDES SOCIAIS

CONTENT MARKETING FOCADO

WEBINARS E WORKSHOPS ONLINE

OTIMIZAÇÃO DE CONVERSÃO PARA SITES

UTILIZANDO BLOGS PARA ATRAIR TRÁFEGO

ESTRATÉGIAS DE LANÇAMENTO DE PRODUTO

ANÁLISE DE DADOS PARA VENDAS DISCRETAS

TESTEMUNHOS E ESTUDOS DE CASO

GERAÇÃO DE LEADS FORA DAS REDES SOCIAIS

GERENCIAMENTO DE REPUTAÇÃO ONLINE

AUTOMATIZAÇÃO DE MARKETING

VENDAS INTERNACIONAIS E LOCALIZAÇÃO

SEGURANÇA E PRIVACIDADE NAS VENDAS ONLINE

SUSTENTABILIDADE E VENDAS ÉTICAS

FERRAMENTAS E TECNOLOGIA DE SUPORTE

ADAPTAÇÃO A MUDANÇAS NO MERCADO DIGITAL

DESAFIOS DAS VENDAS DISCRETAS

RECURSOS EDUCACIONAIS PARA VENDAS E MARKETING DIGITAL

FUTURO DAS VENDAS DISCRETAS

REGINALDO OSNILDO

APRESENTAÇÃO

Bem-vindo ao "**Marketing invisível: estratégias para vender produtos digitais sem a presença nas redes sociais**". Este livro foi cuidadosamente desenvolvido para você, que deseja alcançar o sucesso nas vendas digitais sem a necessidade de manter uma presença ativa nas redes sociais. Se você é um criador de conteúdo digital, empreendedor ou profissional de marketing que prefere manter um perfil discreto ou anônimo online, este guia será uma ferramenta essencial para você.

Vivemos em um mundo onde a presença nas redes sociais é frequentemente vista como um pré-requisito para o sucesso no marketing digital. No entanto, este livro desafia essa noção, oferecendo uma visão alternativa e prática sobre como prosperar no espaço de vendas digitais sem depender das redes sociais. Aqui, você encontrará estratégias eficazes, dicas práticas e insights valiosos para alcançar o sucesso nas vendas, mantendo um perfil discreto.

Neste guia abrangente, você descobrirá métodos inovadores para identificar e entender seu público-alvo, otimizar seu conteúdo para motores de busca, e engajar seus clientes através de campanhas de e-mail marketing bem planejadas. Você aprenderá como aproveitar parcerias e programas de afiliados para ampliar seu alcance e credibilidade, explorar plataformas de vendas alternativas, e investir em formas de publicidade que não requerem presença nas redes sociais.

Além disso, abordaremos como criar e distribuir conteúdo valioso, organizar eventos online para promover seus produtos, e otimizar seu site para maximizar conversões. Você também verá como utilizar blogs para atrair tráfego, planejar lançamentos de produtos impactantes, e monitorar dados para melhorar suas estratégias continuamente.

O livro oferece ainda técnicas para gerar leads, manter uma boa reputação online, e utilizar ferramentas de automatização para simplificar suas operações de marketing e vendas. Discutiremos também a adaptação de produtos para mercados internacionais, a importância da segurança e privacidade nas vendas online, e como integrar práticas sustentáveis e éticas em seu modelo de negócios.

Cada capítulo foi projetado para fornecer informações detalhadas e práticas, sempre convidando você a explorar o próximo tópico e aprofundar seu conhecimento. Estou trazendo minha percepção atualizada para facilitar sua vida, sintetizando conhecimento e contribuindo com insights relevantes para os dias de hoje.

Prepare-se para uma jornada que desafiará as convenções e abrirá novos caminhos para você alcançar o sucesso nas vendas digitais de maneira discreta e eficaz. Vamos começar?

Atenciosamente

Prof. Dr. Reginaldo Osnildo

O CONCEITO DE VENDAS DISCRETAS

No vasto universo do marketing digital, a visibilidade é frequentemente considerada uma moeda de sucesso. Contudo, nem todos se sentem à vontade em expor suas vidas e suas marcas nas redes sociais. E é aí que entra o conceito de vendas discretas – uma abordagem que permite que você, empreendedor ou criador de conteúdo digital, alcance o sucesso sem precisar manter uma presença ativa e constante nas plataformas sociais.

DEFININDO VENDAS DISCRETAS

Vendas discretas referem-se à prática de comercializar produtos e serviços de forma eficaz sem depender de uma presença ostensiva nas redes sociais. Essa abordagem é especialmente relevante para aqueles que preferem manter sua privacidade, ou simplesmente não desejam se envolver na constante manutenção e interação que as redes sociais demandam. É uma estratégia que foca na utilização de outros meios e métodos de marketing para alcançar o público-alvo e gerar vendas.

A RELEVÂNCIA DAS VENDAS DISCRETAS NO MERCADO DIGITAL ATUAL

Com o crescimento exponencial do uso das redes sociais, muitos empreendedores sentem uma pressão constante para estar presentes nessas plataformas. No entanto, isso não é uma realidade ou desejo de todos. Várias razões contribuem para essa escolha, incluindo preocupações com privacidade, saturação de conteúdo nas redes sociais, e o desejo de focar em outras formas de interação mais autênticas e significativas com os clientes.

Ao adotar o marketing invisível, você pode se diferenciar no mercado. Com menos distrações e uma abordagem mais focada, é possível criar conexões mais profundas e efetivas com seu público-alvo. As vendas discretas permitem que você utilize métodos comprovados de marketing que não dependem da volatilidade e das constantes mudanças de algoritmos das redes sociais.

POR QUE OPTAR POR VENDAS DISCRETAS?

Há diversas vantagens em optar por uma estratégia de vendas discretas:

1. **Privacidade e autenticidade**: Manter um perfil mais discreto permite que você se concentre na qualidade e autenticidade do seu trabalho, em vez de se preocupar com a imagem pública constantemente.
2. **Menos saturação**: As redes sociais estão saturadas de conteúdo, o que pode tornar mais difícil para novas marcas se destacarem. Estratégias alternativas podem oferecer um caminho menos congestionado.
3. **Controle maior**: Sem a necessidade de seguir as regras e mudanças das plataformas sociais, você tem mais controle sobre como e onde seu conteúdo é apresentado.
4. **Foco em estratégias de longo prazo**: Métodos como SEO, e-mail marketing, e content marketing oferecem benefícios duradouros e acumulativos, ao contrário da natureza efêmera das redes sociais.

EXPLORANDO OS PILARES DAS VENDAS DISCRETAS

Neste livro, você descobrirá uma variedade de estratégias que formam a base das vendas discretas. Cada capítulo é dedicado a uma dessas estratégias, oferecendo uma visão detalhada e práticas recomendadas para implementá-las de forma eficaz.

ESTRUTURA DO LIVRO

A jornada começa com uma compreensão aprofundada do seu público-alvo sem o uso das redes sociais. Em seguida, exploramos como otimizar seu conteúdo para motores de busca, desenvolver campanhas eficazes de e-mail marketing, e aproveitar parcerias e programas de afiliados. Discutiremos também as diversas plataformas alternativas para vendas, formas de publicidade paga que não envolvem redes sociais, e como criar conteúdo valioso que realmente engaje seu público.

Você aprenderá a organizar eventos online, otimizar seu site para conversões, e utilizar blogs como uma ferramenta poderosa de marketing. Abordaremos também estratégias de lançamento de produtos, análise de dados, e como usar testemunhos e estudos de caso para construir confiança.

Nos capítulos finais, falaremos sobre geração de leads, gerenciamento de reputação online, automatização de marketing, e adaptação a mercados internacionais. Discutiremos ainda a importância da segurança e privacidade, práticas sustentáveis e éticas, e as melhores ferramentas tecnológicas para apoiar suas operações.

Ao final deste capítulo, você deve ter uma compreensão clara do que são vendas discretas e porque essa abordagem pode ser benéfica para o seu negócio. O próximo passo é aprofundar-se na identificação e compreensão do seu público sem o uso das redes sociais. Vamos explorar técnicas e ferramentas que lhe permitirão conhecer seu público-alvo de maneira detalhada e eficaz.

COMPREENDENDO SEU PÚBLICO SEM REDES SOCIAIS

No mundo digital, conhecer seu público-alvo é fundamental para o sucesso de qualquer estratégia de marketing. Enquanto muitos se voltam para as redes sociais para obter esses insights, há diversas formas eficazes de identificar e entender seu público sem depender dessas plataformas. Neste capítulo, você aprenderá como utilizar ferramentas e técnicas alternativas para obter uma compreensão profunda do seu público-alvo e, assim, orientar suas estratégias de marketing de maneira mais precisa e eficaz.

A IMPORTÂNCIA DE COMPREENDER SEU PÚBLICO

Entender quem é seu público-alvo, o que ele deseja e como ele se comporta é crucial para desenvolver campanhas de marketing que realmente ressoem. Conhecer seu público permite que você crie mensagens mais personalizadas, ofertas mais atraentes e, em última análise, produtos e serviços que atendam melhor às necessidades dos seus clientes.

Sem esse entendimento, suas campanhas podem se tornar genéricas e menos eficazes, desperdiçando recursos valiosos e diminuindo seu potencial de sucesso. Por isso, investir tempo e esforço para compreender seu público-alvo é uma etapa que não pode ser negligenciada.

FERRAMENTAS E TÉCNICAS PARA IDENTIFICAÇÃO DO PÚBLICO

Pesquisas e questionários

Uma das maneiras mais diretas de entender seu público é perguntar diretamente a eles. Pesquisas e questionários são ferramentas poderosas para coletar dados sobre preferências, comportamentos e necessidades. Você pode distribuir essas pesquisas através de seu site, e-mails ou até mesmo em eventos offline.

Dicas para criar pesquisas eficazes:

- **Seja claro e objetivo**: Perguntas claras e diretas tendem a obter respostas mais precisas.
- **Utilize perguntas mistas**: Combine perguntas de múltipla escolha com questões abertas para obter tanto dados quantitativos quanto qualitativos.
- **Incentive a participação**: Ofereça incentivos como descontos ou brindes para aumentar a taxa de resposta.

Análise de dados do site

Seu site é uma mina de ouro de informações sobre seu público. Ferramentas de análise como o Google Analytics permitem que você acompanhe o comportamento dos visitantes, veja quais páginas são mais visitadas, quanto tempo os usuários passam no site, e muito mais.

Principais métricas a serem monitoradas:

- **Taxa de rejeição**: Indica quantos visitantes saem do site após visualizar apenas uma página.
- **Tempo médio no site**: Ajuda a entender o nível de engajamento dos visitantes.
- **Páginas mais visitadas**: Revela quais conteúdos são mais atraentes para seu público.

Análise de concorrência

Estudar seus concorrentes pode fornecer insights valiosos sobre seu público-alvo. Veja como seus concorrentes se comunicam, que tipo de conteúdo eles produzem e como interagem com seus clientes.

Ferramentas de análise de concorrência:

- **SimilarWeb**: Fornece dados sobre o tráfego e o engajamento dos sites concorrentes.
- **SEMrush**: Permite analisar palavras-chave e estratégias de SEO dos concorrentes.

Feedback de clientes

O feedback direto dos clientes é uma das fontes mais valiosas de insights. Encoraje seus clientes a compartilharem suas opiniões sobre seus produtos e serviços através de avaliações, comentários e atendimento ao cliente.

Formas de coletar feedback:

- **Formulários de feedback no site**: Adicione formulários de feedback em seu site para coletar opiniões.
- **E-mails de seguimento**: Envie e-mails para clientes recentes pedindo suas opiniões sobre suas compras.

Grupos de discussão e entrevistas

Organizar grupos de discussão e realizar entrevistas com seus clientes podem proporcionar uma visão profunda sobre seus pensamentos e sentimentos em relação aos seus produtos.

Dicas para grupos de discussão:

- **Selecione um moderador experiente**: Um bom moderador pode guiar a discussão de maneira produtiva.
- **Mantenha o grupo pequeno**: Grupos menores permitem uma discussão mais detalhada e envolvente.

SEGMENTAÇÃO DE PÚBLICO

Uma vez que você tenha coletado dados suficientes sobre seu público, o próximo passo é segmentá-lo de forma eficaz. A segmentação envolve dividir seu público em grupos menores, com base em características e comportamentos comuns, para direcionar suas campanhas de marketing de forma mais precisa.

Segmentação demográfica: Baseia-se em características como idade, gênero, renda, educação e localização geográfica.

Segmentação psicográfica: Leva em consideração fatores como estilo de vida, interesses, valores e personalidade.

Segmentação comportamental: Foca nos comportamentos e padrões de compra dos consumidores, como frequência de compra, lealdade à marca e nível de engajamento.

Segmentação por necessidades: Identifica os diferentes benefícios que os consumidores procuram em seus produtos ou serviços.

CRIAÇÃO DE PERSONAS

As personas são perfis detalhados e fictícios dos seus clientes ideais, baseados nos dados coletados. Elas ajudam a humanizar seu público-alvo e a guiar suas estratégias de marketing com mais precisão.

Como criar personas eficazes:

- **Dê um nome e uma história:** Crie um perfil completo que inclua nome, idade, profissão, interesses e desafios.
- **Baseie-se em dados reais:** Use as informações coletadas em suas pesquisas e análises para construir suas personas.

FERRAMENTAS ÚTEIS PARA COMPREENSÃO DO PÚBLICO

- **Google Analytics**: Para análise de dados do site.
- **SurveyMonkey**: Para criação de pesquisas e questionários.
- **SEMrush**: Para análise de concorrência e pesquisa de palavras-chave.
- **Hotjar**: Para mapear o comportamento dos visitantes em seu site.

Compreender seu público-alvo é um passo essencial para o sucesso das suas estratégias de marketing e vendas, especialmente quando você opta por não utilizar as redes sociais. As técnicas e ferramentas discutidas neste capítulo lhe permitirão obter insights valiosos e segmentar seu público de maneira eficaz, criando campanhas mais direcionadas e eficientes.

No próximo capítulo, exploraremos como otimizar seu conteúdo digital para motores de busca. Vamos descobrir como o SEO pode aumentar a visibilidade dos seus produtos sem depender das redes sociais, levando seu marketing invisível a novos patamares de sucesso.

SEO PARA PRODUTOS DIGITAIS

No universo digital, a visibilidade é crucial para o sucesso de vendas. Quando você opta por não utilizar as redes sociais, o SEO (Search Engine Optimization) se torna uma ferramenta ainda mais vital. Neste capítulo, exploraremos estratégias de SEO que podem aumentar significativamente a visibilidade dos seus produtos digitais, ajudando você a alcançar seu público-alvo de maneira eficaz e sem depender das redes sociais.

O QUE É SEO E POR QUE É IMPORTANTE?

SEO é o processo de otimização do seu conteúdo digital para que ele seja encontrado e classificado de forma mais favorável pelos motores de busca, como o Google. Um SEO bem executado pode aumentar o tráfego orgânico do seu site, atrair visitantes qualificados e, consequentemente, impulsionar suas vendas.

A importância do SEO reside no fato de que a maioria das experiências online começam com uma busca. Estar bem posicionado nos resultados de busca não apenas aumenta a visibilidade, mas também confere credibilidade e confiança à sua marca.

PALAVRAS-CHAVE: A BASE DO SEO

Pesquisa de palavras-chave

O primeiro passo para uma estratégia de SEO eficaz é a pesquisa de palavras-chave. Identificar as palavras e frases que seu público-alvo está utilizando para encontrar produtos similares aos seus é crucial.

Ferramentas de pesquisa de palavras-chave:

- **Google Keyword Planner**: Ferramenta gratuita que oferece ideias de palavras-chave e dados sobre o volume de busca.
- **Ubersuggest**: Oferece sugestões de palavras-chave, volume de busca, e dificuldade de classificação.
- **SEMrush**: Uma ferramenta paga que

fornece dados detalhados sobre palavras-chave e análise de concorrentes.

Seleção de palavras-chave

Após identificar palavras-chave relevantes, é importante selecionar aquelas que têm um equilíbrio entre volume de busca e concorrência. Palavras-chave de cauda longa (long-tail keywords) são frequentemente menos competitivas e mais específicas, o que pode resultar em tráfego mais qualificado.

- **Exemplo de palavras-chave de cauda longa**: Em vez de usar "curso de marketing", optar por "curso de marketing digital para iniciantes".

OTIMIZAÇÃO ON-PAGE

A otimização on-page refere-se a todas as medidas que podem ser tomadas diretamente dentro do seu site para melhorar sua posição nos motores de busca.

Títulos e meta descrições

Os títulos das páginas (title tags) e as meta descrições são fundamentais para o SEO. Eles são os primeiros elementos que os motores de busca e os usuários veem.

Dicas para títulos e meta descrições:

- **Inclua palavras-chave principais**: Certifique-se de que a palavra-chave principal está no título e na meta descrição.
- **Seja claro e atrativo**: Tanto o título quanto a descrição devem ser claros, atraentes e descrever com precisão o conteúdo da página.
- **Tamanho ideal**: Mantenha os títulos entre 50-60 caracteres e as meta descrições entre 150-160 caracteres.

Conteúdo de qualidade

Conteúdo de alta qualidade é essencial para o SEO. Ele deve ser relevante, informativo e otimizado para as palavras-chave selecionadas.

Dicas para conteúdo de qualidade:

- **Relevância**: O conteúdo deve ser relevante para o público-alvo e as palavras-chave.
- **Originalidade**: Evite conteúdo duplicado; os motores de busca penalizam páginas com conteúdo copiado.
- **Escaneabilidade**: Utilize cabeçalhos (H1, H2, H3), listas e parágrafos curtos para tornar o conteúdo mais fácil de ler.

Imagens e vídeos

Imagens e vídeos otimizados podem melhorar significativamente a experiência do usuário e o SEO.

Dicas para otimização de imagens e vídeos:

- **Alt Text**: Use descrições ricas em palavras-chave para o texto alternativo das imagens.
- **Compressão**: Comprimir imagens para melhorar o tempo de carregamento do site.
- **Sitemaps de vídeo**: Se você utiliza vídeos, um sitemap específico para vídeos pode ajudar os motores de busca a indexá-los.

OTIMIZAÇÃO OFF-PAGE

A otimização off-page refere-se a todas as atividades realizadas fora do seu site para aumentar sua autoridade e visibilidade.

Link Building

Obter backlinks de sites de alta autoridade é uma das

formas mais eficazes de melhorar o SEO.

Dicas para Link Building:

- **Guest Posting:** Escrever posts para blogs e sites relevantes do seu nicho.
- **Parcerias:** Formar parcerias com outros sites para troca de links.
- **Conteúdo compartilhável:** Criar conteúdo valioso que outros sites queiram linkar.

Mídia ganhada

Obter menções e cobertura de mídia pode aumentar sua visibilidade e autoridade.

Dicas para mídia ganhada:

- **PR Digital:** Enviar comunicados de imprensa para sites de notícias e blogs relevantes.
- **Colaborações e entrevistas:** Participar de colaborações e entrevistas em podcasts, webinars e eventos online.

TÉCNICAS AVANÇADAS DE SEO

Para aqueles que já dominam os fundamentos do SEO, explorar técnicas avançadas pode proporcionar uma vantagem adicional.

SEO Técnico

O SEO técnico envolve a otimização da infraestrutura do seu site.

Elementos de SEO técnico:

- **Velocidade do site:** Um site rápido melhora a experiência do usuário e o ranking nos motores de busca.
- **Mobile-Friendly:** Certifique-se de que seu

site é otimizado para dispositivos móveis.
- **HTTPS**: Usar HTTPS para garantir a segurança do site.

Estrutura de URL

URLs amigáveis são mais fáceis de ler e melhoram a experiência do usuário e do SEO.

Dicas para estrutura de URL:

- **Simples e descritiva**: URLs devem ser curtas e descritivas.
- **Uso de Palavras-chave**: Inclua palavras-chave na URL, se possível.

Schema Markup

Schema markup é um código que você coloca em seu site para ajudar os motores de busca a fornecerem informações mais detalhadas aos usuários.

Benefícios do Schema Markup:

- **Rich Snippets**: Pode resultar em rich snippets, que melhoram a visibilidade nos resultados de busca.
- **Melhor compreensão**: Ajuda os motores de busca a entenderem melhor o conteúdo do seu site.

MEDINDO O SUCESSO DO SEO

Medir o sucesso de suas estratégias de SEO é essencial para ajustar e otimizar suas campanhas continuamente.

Ferramentas de medição

- **Google Analytics**: Para monitorar o tráfego do site, comportamento dos usuários e conversões.
- **Google Search Console**: Para rastrear o desempenho

das suas palavras-chave e a saúde do site.
- **SEMrush e Ahrefs**: Para análise de backlinks e pesquisa de concorrentes.

Principais Métricas

- **Tráfego orgânico**: Monitorar o número de visitantes que chegam ao seu site através dos motores de busca.
- **Posicionamento de palavras-chave**: Acompanhar a posição das suas palavras-chave nos resultados de busca.
- **Taxa de conversão**: Medir quantos visitantes se tornam clientes.

A implementação de estratégias eficazes de SEO pode transformar a visibilidade e o sucesso dos seus produtos digitais. Ao compreender e aplicar as técnicas discutidas neste capítulo, você estará mais bem posicionado para atrair tráfego qualificado e aumentar suas vendas sem depender das redes sociais.

No próximo capítulo, abordaremos como desenvolver campanhas de e-mail marketing eficientes. Vamos explorar como essa forma direta de comunicação pode engajar seus clientes, promover vendas e fortalecer seu relacionamento com o público.

E-MAIL MARKETING EFICIENTE

O e-mail marketing é uma das ferramentas mais poderosas e eficazes para engajar diretamente com seus clientes, promover vendas e fortalecer relacionamentos sem depender das redes sociais. Neste capítulo, exploraremos estratégias para desenvolver campanhas de e-mail marketing eficientes, que não apenas aumentem suas vendas, mas também criem uma conexão duradoura com seu público.

A IMPORTÂNCIA DO E-MAIL MARKETING

Apesar do crescimento das redes sociais, o e-mail marketing continua sendo uma das formas mais confiáveis e diretas de comunicação com seus clientes. Ele permite uma personalização profunda, segmentação precisa e oferece uma taxa de retorno sobre investimento (ROI) mais alta do que muitas outras formas de marketing digital.

Vantagens do e-mail marketing incluem:

1. **Personalização**: Mensagens personalizadas com base no comportamento e nas preferências do cliente.
2. **Segmentação**: Capacidade de dividir sua lista de e-mails em segmentos específicos para campanhas mais direcionadas.
3. **Automatização**: Ferramentas de automação que permitem enviar e-mails no momento certo, para o público certo.
4. **Medição**: Fácil monitoramento e análise de desempenho das campanhas.

CONSTRUÇÃO DE UMA LISTA DE E-MAILS

A base de qualquer campanha de e-mail marketing bem-sucedida é uma lista de e-mails qualificada. Construir essa lista de forma ética e eficaz é crucial.

Técnicas de coleta de e-mails

- **Formulários de inscrição**: Adicione formulários de

inscrição em seu site, blog e páginas de produtos.
- **Conteúdo exclusivo**: Ofereça conteúdo exclusivo, como e-books, webinars ou whitepapers, em troca do e-mail dos visitantes.
- **Ofertas e descontos**: Incentive a inscrição oferecendo descontos ou ofertas especiais.
- **Pop-ups**: Utilize pop-ups estrategicamente para capturar e-mails sem interromper a experiência do usuário.

Boas práticas de coleta de e-mails

- **Permissão**: Sempre obtenha permissão explícita para enviar e-mails, evitando práticas invasivas.
- **Clareza**: Seja claro sobre o que os assinantes podem esperar ao se inscreverem em sua lista.
- **Privacidade**: Garanta aos assinantes que seus dados serão mantidos em segurança e não serão compartilhados com terceiros.

SEGMENTAÇÃO E PERSONALIZAÇÃO

Enviar e-mails genéricos para toda a sua lista pode resultar em baixa taxa de abertura e engajamento. Segmentar sua lista e personalizar suas mensagens é essencial para campanhas eficazes.

Segmentação da lista de e-mails

Divida sua lista de e-mails em grupos menores com base em critérios específicos, como:

- **Demografia**: Idade, gênero, localização, etc.
- **Comportamento de compra**: Clientes frequentes, novos clientes, clientes inativos, etc.
- **Interesses**: Baseado no histórico de navegação e compras.
- **Engajamento**: Segmentar com base no nível de interação com e-mails anteriores.

Personalização de e-mails

Utilize dados coletados para personalizar o conteúdo dos e-mails:

- **Nome do destinatário**: Use o nome do destinatário no assunto e no corpo do e-mail.
- **Recomendações de produtos**: Ofereça recomendações baseadas em compras anteriores.
- **Conteúdo dinâmico**: Personalize o conteúdo com base nos interesses e comportamento do assinante.

ESTRUTURA E CONTEÚDO DE E-MAILS

A estrutura e o conteúdo do seu e-mail são cruciais para captar a atenção dos leitores e incentivá-los a agir.

Assunto do e-mail

O assunto é a primeira coisa que seus assinantes veem e pode determinar se eles abrirão o e-mail ou não.

Dicas para um bom assunto:

- **Seja claro e direto**: Transmita claramente o benefício ou a oferta.
- **Crie urgência**: Utilize palavras que criem um senso de urgência ou exclusividade.
- **Personalize**: Incluir o nome do destinatário pode aumentar a taxa de abertura.

Corpo do e-mail

O conteúdo do e-mail deve ser relevante, envolvente e fácil de ler.

Elementos do corpo do e-mail:

- **Cabeçalho**: Inicie com uma saudação

- personalizada.
- **Conteúdo principal**: Mantenha o texto conciso e focado no benefício para o leitor.
- **Chamada para ação (CTA)**: Inclua uma CTA clara e convincente, como "Compre agora", "Saiba mais" ou "Inscreva-se".

3. Design do e-mail

Um design limpo e profissional ajuda a manter o foco do leitor no conteúdo.

Dicas de design:

- **Layout responsivo**: Certifique-se de que o e-mail é otimizado para dispositivos móveis.
- **Imagens de alta qualidade**: Use imagens relevantes e de alta qualidade.
- **Botões de CTA**: Use botões para CTAs, que são mais fáceis de clicar em dispositivos móveis.

AUTOMATIZAÇÃO DE CAMPANHAS DE E-MAIL

A automatização pode melhorar a eficiência e eficácia das suas campanhas de e-mail.

Sequências de e-mails

Crie sequências de e-mails automatizadas para diversas situações:

- **Boas-vindas**: Envie um e-mail de boas-vindas assim que alguém se inscrever.
- **Carrinho abandonado**: Envie lembretes para clientes que abandonaram itens no carrinho de compras.
- **Reengajamento**: Envie e-mails para reengajar assinantes inativos.

Ferramentas de automação

Existem várias ferramentas de automação que podem facilitar o processo de e-mail marketing:

- **Mailchimp**: Oferece funcionalidades de automação, segmentação e análise.
- **ConvertKit**: Focado em criadores de conteúdo, oferece automação avançada e fácil de usar.
- **ActiveCampaign**: Combina automação de e-mail com CRM para um marketing mais personalizado.

MEDINDO O SUCESSO DAS CAMPANHAS

Medir e analisar o desempenho das suas campanhas de e-mail marketing é essencial para melhorias contínuas.

Principais métricas de e-mail marketing

- **Taxa de abertura**: Percentual de e-mails abertos em relação ao total enviado.
- **Taxa de cliques (CTR)**: Percentual de cliques nos links ou CTAs dentro do e-mail.
- **Taxa de conversão**: Percentual de destinatários que realizaram a ação desejada, como fazer uma compra.
- **Taxa de rejeição**: Percentual de e-mails que não foram entregues com sucesso.
- **Taxa de cancelamento**: Percentual de assinantes que se descadastraram após receber o e-mail.

Ferramentas de análise

- **Google Analytics**: Pode ser integrado para rastrear o comportamento dos usuários que clicam em links de e-mail.
- **Ferramentas internas de e-mail marketing**: A maioria das plataformas de e-mail

marketing oferece relatórios detalhados sobre as campanhas.

MELHORES PRÁTICAS PARA E-MAIL MARKETING

Para maximizar a eficácia das suas campanhas, siga estas melhores práticas:

- **Consistência**: Envie e-mails regularmente, mas não com tanta frequência que os assinantes se sintam sobrecarregados.
- **Teste A/B**: Realize testes A/B para diferentes assuntos, designs e CTAs para descobrir o que funciona melhor.
- **Compliance com leis de e-mail marketing**: Certifique-se de seguir as leis de e-mail marketing, como o CAN-SPAM Act nos EUA e a GDPR na Europa.
- **Segmentação e personalização**: Quanto mais segmentado e personalizado o e-mail, maior a probabilidade de engajamento.

Desenvolver campanhas de e-mail marketing eficientes pode transformar significativamente seu engajamento com os clientes e impulsionar suas vendas. Ao seguir as estratégias e melhores práticas discutidas neste capítulo, você estará em uma posição forte para criar comunicações de e-mail que realmente ressoem com seu público.

No próximo capítulo, exploraremos como utilizar parcerias e programas de afiliados para ampliar seu alcance e credibilidade sem uma presença ativa nas redes sociais. Descubra como essas colaborações podem ser uma poderosa ferramenta de marketing para o seu negócio digital. Continue conosco nesta jornada para dominar o marketing digital de forma discreta e eficaz.

PARCERIAS E AFILIADOS

No cenário do marketing digital, parcerias estratégicas e programas de afiliados podem ser poderosas ferramentas para ampliar o alcance e a credibilidade do seu negócio, sem a necessidade de uma presença ativa nas redes sociais. Neste capítulo, exploraremos como utilizar essas estratégias de forma eficaz, proporcionando dicas práticas para estabelecer e manter parcerias produtivas e criar programas de afiliados que beneficiem ambas as partes envolvidas.

O PODER DAS PARCERIAS E AFILIADOS

Parcerias e programas de afiliados são métodos comprovados para aumentar a visibilidade e a credibilidade do seu negócio. Essas estratégias permitem que você alcance novos públicos através de relacionamentos mutuamente benéficos, aproveitando a confiança e a influência de parceiros estabelecidos.

Benefícios das parcerias

- **Acesso a novos públicos**: Parcerias permitem que você alcance os clientes de seus parceiros, ampliando significativamente seu alcance.
- **Credibilidade aumentada**: Associar-se a marcas respeitadas pode aumentar a confiança e a credibilidade do seu próprio negócio.
- **Recursos compartilhados**: Compartilhar recursos, como conteúdo, tecnologia e conhecimentos, pode ser vantajoso para ambos os parceiros.

Benefícios dos programas de afiliados

- **Marketing de baixo custo**: Afiliados promovem seus produtos em troca de uma comissão sobre as vendas geradas, resultando em um custo de aquisição de cliente geralmente mais baixo.
- **Aumento das vendas**: Afiliados motivados podem gerar um volume significativo de vendas.

- **Escalabilidade**: Programas de afiliados podem ser facilmente escalados para incluir mais parceiros e aumentar o alcance.

ESTABELECENDO PARCERIAS EFICAZES

Identificação de potenciais parceiros

Para encontrar parceiros adequados, considere empresas ou indivíduos que compartilhem o mesmo público-alvo, mas que não sejam concorrentes diretos.

- **Pesquisa de mercado**: Utilize ferramentas como SEMrush e SimilarWeb para identificar sites e empresas que têm um público-alvo semelhante ao seu.
- **Networking**: Participe de eventos do setor, webinars e fóruns online para conhecer potenciais parceiros.
- **Clientes e fornecedores**: Muitas vezes, seus próprios clientes ou fornecedores podem ser excelentes parceiros.

Abordagem e proposta de parceria

Quando abordar potenciais parceiros, seja claro sobre os benefícios mútuos que a parceria trará.

- **Proposta de valor**: Explique como a parceria beneficiará ambas as partes. Seja específico sobre o que você está oferecendo e o que espera em troca.
- **Objetivos claros**: Estabeleça objetivos claros para a parceria, incluindo metas de marketing e vendas.
- **Termos e condições**: Defina termos e condições desde o início para evitar mal-entendidos futuros.

Mantendo parcerias produtivas

Manter parcerias produtivas requer comunicação contínua e esforços para garantir que ambas as partes estejam satisfeitas.

- **Comunicação regular**: Agende reuniões regulares para discutir o progresso e resolver quaisquer problemas.
- **Avaliação de desempenho**: Monitore os resultados da parceria e faça ajustes conforme necessário.
- **Reconhecimento e incentivos**: Reconheça o trabalho dos parceiros e ofereça incentivos para motivá-los a continuar colaborando.

DESENVOLVENDO PROGRAMAS DE AFILIADOS

Estrutura do programa de afiliados

Crie uma estrutura clara e atraente para seu programa de afiliados, definindo comissões, termos de pagamento e requisitos de participação.

- **Comissões atraentes**: Ofereça comissões competitivas para atrair afiliados de qualidade.
- **Pagamentos transparentes**: Defina um cronograma de pagamentos claro e consistente.
- **Requisitos de participação**: Estabeleça critérios para se tornar um afiliado, garantindo que eles representem bem sua marca.

Ferramentas e plataformas de afiliados

Utilize plataformas de gerenciamento de afiliados para facilitar o processo de recrutamento, acompanhamento e pagamento dos afiliados.

Plataformas populares:

- **ShareASale**: Uma plataforma popular para gerenciar programas de afiliados.
- **CJ Affiliate**: Oferece ferramentas avançadas para gestão de afiliados.
- **Rakuten Marketing**: Conhecida por suas parcerias com grandes marcas e ferramentas de análise robustas.

Recrutamento de afiliados

Recrutar afiliados de qualidade é essencial para o sucesso do programa.

- **Rede de contatos**: Utilize sua rede de contatos e clientes satisfeitos para encontrar afiliados potenciais.
- **Plataformas de afiliados**: Liste seu programa em plataformas de afiliados para atrair candidatos.
- **Marketing de conteúdo**: Crie conteúdo que destaque os benefícios do seu programa de afiliados.

Suporte e incentivos para afiliados

Ofereça suporte contínuo e incentivos para motivar seus afiliados.

- **Materiais de marketing**: Forneça banners, links e outros materiais de marketing para facilitar o trabalho dos afiliados.
- **Treinamento e suporte**: Ofereça treinamentos e suporte para ajudar os afiliados a entenderem seus produtos e estratégias de marketing.
- **Incentivos e bônus**: Crie programas de incentivo para afiliados de alto desempenho, oferecendo bônus e recompensas adicionais.

MEDINDO O SUCESSO DAS PARCERIAS E PROGRAMAS DE

AFILIADOS

Para garantir que suas parcerias e programas de afiliados estejam gerando os resultados esperados, é crucial monitorar e analisar o desempenho regularmente.

Métricas de desempenho

- **Vendas geradas**: Acompanhe o número de vendas geradas por cada parceiro e afiliado.
- **Taxa de conversão**: Monitore a taxa de conversão das campanhas de afiliados.
- **ROI**: Calcule o retorno sobre investimento para cada parceria e programa de afiliados.
- **Engajamento e feedback**: Avalie o engajamento e o feedback dos afiliados e parceiros para melhorar continuamente suas estratégias.

Ferramentas de análise

- **Google Analytics**: Use o Google Analytics para rastrear o tráfego e as conversões geradas por parceiros e afiliados.
- **Plataformas de afiliados**: Utilize as ferramentas de análise integradas nas plataformas de afiliados para monitorar o desempenho.

MELHORES PRÁTICAS PARA PARCERIAS E AFILIADOS

Para maximizar os benefícios das suas parcerias e programas de afiliados, siga estas melhores práticas:

- **Transparência e confiança**: Mantenha uma comunicação aberta e transparente com seus parceiros e afiliados.
- **Valor recíproco**: Garanta que todas as parcerias sejam mutuamente benéficas.
- **Flexibilidade e adaptação**: Esteja aberto a ajustar os termos e estratégias conforme necessário para atender

às mudanças no mercado e nas necessidades dos parceiros.
- **Educação e capacitação**: Invista na educação e capacitação dos afiliados para que eles possam promover seus produtos de forma mais eficaz.

Utilizar parcerias estratégicas e programas de afiliados pode ser uma forma altamente eficaz de expandir o alcance do seu negócio digital e aumentar suas vendas sem depender das redes sociais. Ao implementar as estratégias e melhores práticas discutidas neste capítulo, você estará bem posicionado para criar relações de colaboração que beneficiem ambas as partes e impulsionem seu sucesso no mercado digital.

No próximo capítulo, exploraremos diferentes plataformas de vendas alternativas onde você pode vender seus produtos digitais de forma eficaz.

PLATAFORMAS DE VENDAS ALTERNATIVAS

Vender produtos digitais sem depender das redes sociais requer explorar outras plataformas que possam efetivamente alcançar seu público-alvo e facilitar as transações. Neste capítulo, discutiremos diversas plataformas de vendas alternativas, fornecendo insights sobre como escolher as melhores opções para o seu negócio e como utilizá-las de forma eficaz para maximizar suas vendas.

A IMPORTÂNCIA DAS PLATAFORMAS DE VENDAS ALTERNATIVAS

Diversificar as plataformas de vendas não apenas reduz a dependência de qualquer único canal, mas também amplia seu alcance e aumenta suas oportunidades de vendas. Ao utilizar uma variedade de plataformas, você pode alcançar diferentes segmentos do mercado e adaptar suas estratégias de vendas de acordo com as características de cada plataforma.

TIPOS DE PLATAFORMAS DE VENDAS ALTERNATIVAS

Marketplaces digitais

Marketplaces são plataformas online onde você pode listar e vender seus produtos digitais, aproveitando a audiência já existente dessas plataformas.

Principais marketplaces:

- **Amazon**: Ideal para e-books, software e outros produtos digitais.
- **eBay**: Boa opção para uma variedade de produtos digitais, incluindo cursos e software.
- **Etsy**: Focado em produtos criativos e artesanais, também oferece uma seção para produtos digitais como design gráfico e e-books.

Vantagens dos marketplaces:

- **Alta visibilidade**: Marketplaces já possuem muitos visitantes.
- **Confiança do consumidor**: Plataformas estabelecidas oferecem um nível de confiança para os consumidores.
- **Facilidade de uso**: Processos de listagem e pagamento simplificados.

Desvantagens:

- **Comissões e taxas**: Marketplaces geralmente cobram comissões sobre as vendas.
- **Concorrência**: Altos níveis de concorrência podem dificultar a visibilidade do seu produto.

Plataformas de E-commerce

Criar sua própria loja online utilizando plataformas de e-commerce oferece controle total sobre sua marca e experiência do cliente.

Principais plataformas de E-commerce:

- **Shopify**: Plataforma popular com diversas ferramentas de personalização.
- **WooCommerce**: Plugin do WordPress que permite transformar seu site em uma loja online.
- **BigCommerce**: Oferece soluções robustas para e-commerce com integração fácil.

Vantagens das plataformas de E-commerce:

- **Controle total**: Controle completo sobre a aparência e funcionalidade da sua loja.
- **Marca personalizada**: Maior capacidade de

construir e fortalecer sua marca.
- **Flexibilidade**: Personalização completa de todos os aspectos da loja.

Desvantagens:

- **Custo inicial**: Pode haver custos iniciais significativos para configuração e manutenção.
- **Marketing e tráfego**: Necessidade de investir em marketing para atrair tráfego.

Plataformas de cursos online

Se você vende cursos ou conteúdo educacional, plataformas específicas para cursos online podem ser ideais.

Principais plataformas de cursos online:

- **Udemy**: Plataforma popular para uma ampla variedade de cursos online.
- **Teachable**: Permite criar e vender cursos diretamente, com controle sobre preços e conteúdo.
- **Skillshare**: Oferece uma comunidade ativa de alunos, ideal para cursos criativos e técnicos.

Vantagens das plataformas de cursos online:

- **Foco no conteúdo**: Projetadas especificamente para cursos, com ferramentas integradas para ensino.
- **Audiência existente**: Plataformas como Udemy e Skillshare já possuem uma base de alunos estabelecida.
- **Facilidade de uso**: Ferramentas integradas para criação, hospedagem e venda de

cursos.

Desvantagens:

- **Comissões e taxas**: Pode haver comissões sobre vendas e taxas de plataforma.
- **Controle limitado**: Menor controle sobre a experiência do aluno e branding.

Plataformas de software como serviço (SaaS)

Se você oferece softwares ou serviços digitais, utilizar plataformas de SaaS pode ser uma excelente opção.

Principais plataformas de SaaS:

- **Paddle**: Plataforma completa para vendas de software, com integração de pagamentos e gestão de clientes.
- **FastSpring**: Ideal para software e produtos digitais, oferecendo ferramentas de pagamento e faturamento.
- **Gumroad**: Permite vender uma variedade de produtos digitais, incluindo software e conteúdo criativo.

Vantagens das plataformas de SaaS:

- **Soluções integradas**: Ferramentas completas para vendas, pagamento e gestão de clientes.
- **Escalabilidade**: Facilmente escalável para suportar o crescimento do negócio.
- **Flexibilidade de preços**: Opções para modelos de assinatura, pagamentos únicos e mais.

Desvantagens:

- **Custos de plataforma**: Pode haver custos

associados ao uso das plataformas.
- **Concorrência interna**: Compartilhar a plataforma com outros fornecedores pode aumentar a concorrência.

5. Plataformas de assinatura e membros

Para produtos que se beneficiam de uma receita recorrente, como conteúdo exclusivo, plataformas de assinatura são ideais.

Principais plataformas de assinatura:

- **Patreon**: Popular entre criadores de conteúdo, permite a monetização de assinantes com conteúdo exclusivo.
- **Substack**: Ideal para newsletters pagas e conteúdo escrito.
- **MemberPress**: Plugin para WordPress que permite criar áreas de membros e conteúdo exclusivo.

Vantagens das plataformas de assinatura:

- **Receita recorrente**: Estabelece uma fonte de receita constante e previsível.
- **Engajamento do cliente**: Cria uma comunidade de membros engajados.
- **Controle sobre o conteúdo**: Total controle sobre o que é oferecido aos assinantes.

Desvantagens:

- **Esforço contínuo**: Necessidade de criar e manter conteúdo novo e exclusivo regularmente.
- **Gestão de membros**: Requer ferramentas e estratégias para gerenciar e reter membros.

ESCOLHENDO A PLATAFORMA CERTA

A escolha da plataforma ideal depende de vários fatores, incluindo o tipo de produto que você vende, o seu público-alvo e os recursos disponíveis.

Identifique seu público-alvo

Compreenda quem são seus clientes e onde eles estão mais propensos a procurar por produtos como o seu. Ferramentas de pesquisa de mercado e análise de concorrência podem ajudar a identificar as plataformas que seu público-alvo mais utiliza.

Avalie as funcionalidades necessárias

Liste as funcionalidades essenciais que você precisa, como gestão de inventário, processamento de pagamentos, integração de marketing, e suporte ao cliente. Compare as plataformas para ver quais oferecem essas funcionalidades.

Considere os custos

Avalie os custos associados a cada plataforma, incluindo taxas de transação, comissões, custos de assinatura e quaisquer custos adicionais para funcionalidades extras.

Teste as plataformas

Se possível, utilize versões de teste ou demonstrações das plataformas para experimentar e ver qual se adapta melhor às suas necessidades. Teste a interface de usuário, a facilidade de uso e o suporte ao cliente.

MELHORES PRÁTICAS PARA UTILIZAR PLATAFORMAS DE VENDAS

Otimização de listagens de produtos

Certifique-se de que suas listagens de produtos são otimizadas para atrair e converter visitantes.

- **Descrição clara e atraente**: Utilize descrições detalhadas e atraentes que destacam os benefícios e características do produto.
- **Imagens de alta qualidade**: Inclua imagens de alta qualidade e, se possível, vídeos do produto.
- **Palavras-chave relevantes**: Utilize palavras-chave relevantes nas descrições e títulos para melhorar a visibilidade nos resultados de busca da plataforma.

Gestão de avaliações e feedback

As avaliações dos clientes são cruciais para a credibilidade do seu produto.

- **Solicite avaliações**: Encoraje clientes satisfeitos a deixarem avaliações positivas.
- **Responda a feedbacks**: Responda a avaliações e feedbacks, especialmente os negativos, de forma profissional e proativa.
- **Use feedback para melhorias**: Utilize o feedback dos clientes para fazer melhorias contínuas no seu produto.

Promoções e ofertas

Utilize as ferramentas de marketing e promoção oferecidas pelas plataformas para aumentar as vendas.

- **Descontos e cupons**: Crie descontos e cupons para atrair novos clientes e incentivar compras repetidas.
- **Promoções sazonais**: Aproveite eventos e datas sazonais para criar promoções temáticas.
- **Pacotes de produtos**: Ofereça pacotes de produtos com descontos para aumentar o valor médio do pedido.

Explorar e utilizar plataformas de vendas alternativas pode expandir significativamente o alcance e as vendas do seu negócio digital. Ao escolher as plataformas certas e seguir as melhores práticas discutidas neste capítulo, você estará em uma posição forte para alcançar seu público-alvo de forma eficaz, sem depender das redes sociais.

No próximo capítulo, discutiremos como investir em formas de publicidade online que não requerem presença em redes sociais. Descubra como essas estratégias podem complementar suas vendas e aumentar a visibilidade dos seus produtos.

PUBLICIDADE PAGA FORA DAS REDES SOCIAIS

No marketing digital, a publicidade paga pode ser uma ferramenta poderosa para aumentar a visibilidade e as vendas dos seus produtos. Quando se opta por não utilizar redes sociais, é crucial explorar outras formas de publicidade online que podem trazer resultados eficazes. Neste capítulo, vamos explorar diversas opções de publicidade paga fora das redes sociais, fornecendo estratégias práticas para maximizar o retorno sobre investimento (ROI) e alcançar seu público-alvo de maneira eficaz.

A IMPORTÂNCIA DA PUBLICIDADE PAGA

A publicidade paga permite alcançar um público mais amplo e segmentado rapidamente, oferecendo controle sobre a mensagem, o orçamento e o timing das campanhas. Com a estratégia certa, você pode aumentar significativamente a visibilidade do seu negócio, atrair novos clientes e impulsionar as vendas.

TIPOS DE PUBLICIDADE PAGA

Publicidade em motores de busca (SEM)

A publicidade em motores de busca, também conhecida como Search Engine Marketing (SEM), envolve a exibição de anúncios pagos nos resultados de busca de plataformas como o Google.

Google Ads: A plataforma de publicidade do Google permite criar anúncios de texto, display e shopping que aparecem nos resultados de busca e em sites parceiros.

Vantagens:

- **Alcance amplo**: O Google é o motor de busca mais usado, oferecendo grande visibilidade.
- **Segmentação precisa**: Permite segmentação por palavras-chave,

localização, dispositivo, entre outros.
- **Resultados imediatos**: Anúncios podem gerar tráfego e vendas imediatamente após o lançamento.

Estratégias:

- **Pesquisa de palavras-chave**: Utilize ferramentas como o Google Keyword Planner para identificar palavras-chave relevantes e de alto volume.
- **Criação de anúncios eficazes**: Escreva anúncios atraentes com chamadas claras para ação (CTA).
- **Otimização contínua**: Monitore e ajuste suas campanhas regularmente para melhorar o desempenho.

Publicidade Display

A publicidade display envolve a colocação de anúncios visuais, como banners, em sites parceiros e redes de display.

Google Display Network: Permite exibir anúncios em milhões de sites parceiros e aplicativos.

Vantagens:

- **Diversidade de formatos**: Inclui banners estáticos, anúncios gráficos e anúncios em vídeo.
- **Segmentação ampla**: Segmentação por interesse, comportamento, demografia e contexto.
- **Remarketing**: Alcança visitantes anteriores do seu site com anúncios específicos.

Estratégias:

- **Design atraente**: Crie anúncios visualmente atraentes que capturam a atenção.
- **Mensagem clara**: Inclua uma mensagem clara e uma CTA forte.
- **Teste A/B**: Realize testes A/B para identificar os elementos de design e mensagem mais eficazes.

Publicidade em vídeos

Os anúncios em vídeo são uma maneira eficaz de contar a história da sua marca e engajar seu público de forma visual e auditiva.

YouTube Ads: A plataforma de vídeo do Google oferece várias opções de anúncios em vídeo, incluindo anúncios in-stream e bumper ads.

Vantagens:

- **Engajamento alto**: Vídeos podem gerar um alto nível de engajamento e retenção de mensagem.
- **Alcance massivo**: YouTube é a segunda maior plataforma de busca, oferecendo um alcance massivo.
- **Variedade de formatos**: Diferentes formatos para diferentes objetivos, como alcance, engajamento e conversões.

Estratégias:

- **Conteúdo de qualidade**: Produza vídeos de alta qualidade que sejam informativos, envolventes e

relevantes para seu público.
- **Segmentação precisa**: Utilize as opções de segmentação do YouTube para alcançar seu público-alvo com precisão.
- **Análises detalhadas**: Monitore o desempenho dos seus anúncios com as ferramentas de análise do YouTube.

Publicidade nativa

A publicidade nativa integra anúncios de maneira harmoniosa ao conteúdo do site ou plataforma em que são exibidos, proporcionando uma experiência de usuário menos intrusiva.

Taboola e Outbrain: Plataformas populares de publicidade nativa que exibem anúncios em forma de conteúdo recomendado em grandes sites de notícias e blogs.

Vantagens:

- **Experiência integrada**: Anúncios que se integram naturalmente ao conteúdo do site.
- **Alto engajamento**: Maior probabilidade de engajamento devido à aparência orgânica.
- **Segmentação avançada**: Segmentação por interesse, comportamento e demografia.

Estratégias:

- **Conteúdo relevante**: Crie anúncios que adicionem valor ao usuário e se alinhem com o conteúdo ao redor.
- **Título atraente**: Use títulos atraentes

e envolventes para chamar a atenção.
- **Imagens de qualidade**: Utilize imagens de alta qualidade para atrair cliques.

Publicidade em marketplaces

Se você vende produtos digitais em marketplaces como Amazon, Etsy ou eBay, investir em publicidade nessas plataformas pode aumentar a visibilidade dos seus produtos.

Amazon Sponsored Products: Anúncios que aparecem nos resultados de busca e nas páginas de produtos da Amazon.

Vantagens:

- **Intenção de compra**: Alcança usuários que já estão em um estado de compra.
- **Segmentação por palavras-chave**: Segmentação precisa baseada em palavras-chave relevantes.
- **Visibilidade aumentada**: Aumenta a visibilidade dos seus produtos dentro da plataforma.

Estratégias:

- **Palavras-chave relevantes**: Selecione palavras-chave que são altamente relevantes para seus produtos.
- **Anúncios atraentes**: Crie anúncios que destacam os benefícios e diferenciais dos seus produtos.
- **Otimização de listagens**: Garanta que as listagens de produtos estejam otimizadas com descrições detalhadas e imagens de alta qualidade.

CRIANDO CAMPANHAS EFICIENTES

Definição de objetivos

Antes de lançar uma campanha, é crucial definir objetivos claros. Seus objetivos podem incluir:

- **Aumentar a visibilidade**: Expandir o alcance da sua marca e produtos.
- **Gerar leads**: Atrair potenciais clientes para sua lista de e-mails ou funil de vendas.
- **Impulsionar vendas**: Aumentar as vendas de produtos específicos.

Segmentação de público

A segmentação eficaz é essencial para garantir que seus anúncios alcancem as pessoas certas.

- **Demografia**: Idade, gênero, localização, renda, etc.
- **Interesses**: Hobbies, comportamentos de compra, interesses específicos.
- **Comportamento**: Histórico de navegação, compras anteriores, interações com seu site.

Criação de anúncios eficazes

Anúncios bem-sucedidos são atraentes, claros e possuem uma chamada para ação (CTA) forte.

- **Visual atraente**: Utilize imagens ou vídeos de alta qualidade.
- **Mensagem clara**: Garanta que sua mensagem seja clara e direta.
- **CTA forte**: Inclua uma CTA que motive os usuários a agir imediatamente.

Orçamento e lances

Gerenciar seu orçamento e lances adequadamente pode maximizar o ROI das suas campanhas.

- **Defina um orçamento diário**: Estabeleça um orçamento diário para controlar seus gastos.
- **Escolha a estratégia de lances**: Utilize estratégias de lances automáticos ou manuais com base nos objetivos da campanha.
- **Monitore o ROI**: Avalie continuamente o ROI para ajustar orçamentos e lances conforme necessário.

MEDINDO E OTIMIZANDO O DESEMPENHO

Principais métricas de desempenho

Acompanhe as métricas-chave para medir o sucesso das suas campanhas de publicidade paga.

- **Impressões**: Quantas vezes seu anúncio foi exibido.
- **Cliques**: Número de cliques nos seus anúncios.
- **CTR (taxa de cliques)**: Percentual de pessoas que clicaram no anúncio após vê-lo.
- **Conversões**: Número de ações desejadas (compras, inscrições, etc.) realizadas.
- **CPC (custo por clique)**: Custo médio por cada clique no seu anúncio.
- **CPA (custo por aquisição)**: Custo médio para cada conversão.

Ferramentas de análise

Utilize ferramentas de análise para monitorar e otimizar suas campanhas.

- **Google Analytics**: Integrado com Google Ads, oferece insights detalhados sobre o comportamento dos usuários.

- **Plataformas de anúncios**: Ferramentas de análise integradas nas plataformas de anúncios (Google Ads, YouTube Ads, etc.) para monitorar o desempenho.
- **Ferramentas de terceiros**: Plataformas como SEMrush e Ahrefs para análise competitiva e otimização de campanhas.

Otimização contínua

A otimização contínua é crucial para melhorar o desempenho das campanhas ao longo do tempo.

- **Teste A/B**: Teste diferentes variações de anúncios para identificar quais elementos funcionam melhor.
- **Ajuste de segmentação**: Refinar a segmentação com base nos dados de desempenho.
- **Ajuste de lances e orçamento**: Ajuste lances e orçamento com base no ROI e no desempenho das campanhas.

Investir em formas de publicidade online fora das redes sociais pode proporcionar um alcance significativo e resultados eficazes para o seu negócio digital. Ao implementar as estratégias e práticas discutidas neste capítulo, você estará em uma posição forte para maximizar o impacto de suas campanhas de publicidade paga.

No próximo capítulo, vamos explorar como criar e distribuir conteúdo valioso que atraia e mantenha a atenção do seu público. Descubra como o content marketing focado pode complementar suas estratégias de publicidade e impulsionar suas vendas.

CONTENT MARKETING FOCADO

O marketing de conteúdo é uma estratégia poderosa para atrair, engajar e converter seu público-alvo, oferecendo valor real através de conteúdo relevante e informativo. Neste capítulo, exploraremos como criar e distribuir conteúdo valioso que mantém a atenção do seu público, impulsiona o engajamento e, em última análise, aumenta suas vendas.

A IMPORTÂNCIA DO CONTENT MARKETING

O content marketing se destaca por sua capacidade de construir relacionamentos duradouros com os clientes, educar o público sobre seus produtos ou serviços e estabelecer sua autoridade no mercado. Quando bem executado, ele pode:

1. **Atrair tráfego qualificado**: Conteúdo relevante atrai visitantes interessados no que você oferece.
2. **Engajar o público**: Mantém os visitantes envolvidos e interessados em seu site.
3. **Gerar leads**: Oferece oportunidades para capturar informações de contato através de conteúdo valioso.
4. **Fidelizar clientes**: Cria uma base de clientes leais ao oferecer valor contínuo.

DESENVOLVIMENTO DE UMA ESTRATÉGIA DE CONTENT MARKETING

Para criar uma estratégia de content marketing eficaz, é essencial planejar e executar com cuidado. Aqui estão os passos fundamentais:

Definição de objetivos

Antes de criar conteúdo, defina claramente seus objetivos. Pergunte a si mesmo o que você deseja alcançar com sua estratégia de conteúdo.

- **Aumentar a visibilidade**: Expandir o alcance da sua marca e atrair novos visitantes.
- **Educar o público**: Informar e educar seu público

sobre seus produtos ou setor.
- **Gerar leads**: Capturar informações de contato de visitantes interessados.
- **Aumentar as vendas**: Converter visitantes em clientes através de conteúdo persuasivo.

Conhecimento do público-alvo

Entender seu público-alvo é crucial para criar conteúdo relevante e envolvente.

- **Criação de personas**: Desenvolva perfis detalhados dos seus clientes ideais, incluindo suas necessidades, interesses e desafios.
- **Pesquisa de mercado**: Utilize ferramentas de pesquisa de mercado para obter insights sobre seu público e seus comportamentos.

Planejamento de conteúdo

Crie um plano de conteúdo detalhado que aborde os interesses e necessidades do seu público.

- **Calendário de conteúdo**: Planeje um calendário de publicação que inclua tópicos, formatos e datas de publicação.
- **Diversificação de formatos**: Utilize uma variedade de formatos de conteúdo, como artigos de blog, infográficos, vídeos, e-books e webinars.

Criação de conteúdo valioso

Crie conteúdo que ofereça valor real ao seu público, respondendo às suas perguntas e resolvendo seus problemas.

- **Pesquisa e qualidade**: Certifique-se de que seu conteúdo é bem pesquisado, preciso e de alta qualidade.
- **Originalidade**: Evite conteúdo duplicado e crie

material original que se destaque.
- **SEO**: Otimize seu conteúdo para motores de busca utilizando palavras-chave relevantes, títulos atraentes e meta descrições.

FORMATOS DE CONTEÚDO E SUAS VANTAGENS

Explorar diferentes formatos de conteúdo pode ajudar a manter seu público engajado e atender às diversas preferências de consumo de informação.

Artigos de blog

Os artigos de blog são uma forma eficaz de atrair tráfego orgânico e fornecer informações detalhadas sobre tópicos relevantes.

Vantagens:

- **SEO**: Bem otimizados, podem melhorar sua classificação nos motores de busca.
- **Autoridade**: Estabelecem você como um especialista em seu campo.
- **Engajamento**: Podem incluir CTAs para incentivar a interação.

Infográficos

Infográficos são visuais atraentes que resumem informações complexas de forma fácil de entender.

Vantagens:

- **Compartilhável**: Altamente compartilháveis nas mídias digitais.
- **Engajamento visual**: Atraem a atenção e são fáceis de consumir.
- **Informação condensada**: Transmitem informações de forma rápida e eficiente.

Vídeos

Vídeos são uma forma altamente envolvente de comunicar sua mensagem e demonstrar seus produtos.

Vantagens:

- **Alto engajamento**: Vídeos geralmente geram mais engajamento do que outros formatos.
- **Versatilidade**: Podem ser usados para tutoriais, depoimentos, demonstrações de produtos, entre outros.
- **Acessibilidade**: Alcançam um público mais amplo, incluindo aqueles que preferem conteúdo visual.

E-books e whitepapers

E-books e whitepapers são conteúdos aprofundados que fornecem valor substancial e posicionam você como um líder de pensamento.

Vantagens:

- **Geração de leads**: Podem ser oferecidos em troca de informações de contato.
- **Profundidade**: Permitem uma exploração detalhada de temas complexos.
- **Credibilidade**: Aumentam a percepção de autoridade da sua marca.

Webinars

Webinars são seminários online ao vivo que permitem interação direta com seu público.

Vantagens:

- **Interatividade**: Permitem perguntas e respostas em tempo real.

- **Educação**: Excelentes para educar seu público sobre tópicos específicos.
- **Engajamento**: Mantêm os participantes engajados por longos períodos.

DISTRIBUIÇÃO DE CONTEÚDO

Criar ótimo conteúdo é apenas metade da batalha; distribuí-lo de maneira eficaz é igualmente importante.

SEO e motores de busca

Otimize seu conteúdo para SEO para garantir que ele seja encontrado nos motores de busca.

- **Palavras-chave**: Utilize palavras-chave relevantes de forma natural ao longo do conteúdo.
- **Meta descrições**: Crie meta descrições atraentes e informativas.
- **Links internos e externos**: Inclua links para outros conteúdos relevantes do seu site e fontes externas de alta autoridade.

E-mail marketing

Utilize suas listas de e-mails para distribuir conteúdo diretamente aos seus assinantes.

- **Boletins informativos**: Envie boletins informativos regulares com links para seus novos conteúdos.
- **Segmentação**: Personalize e-mails com base nos interesses e comportamentos dos assinantes.

Plataformas de publicação

Publique seu conteúdo em plataformas relevantes onde seu público-alvo já está ativo.

- **Publicação de convidados**: Escreva posts de convidados em blogs e sites influentes do seu nicho.
- **Diretórios de artigos**: Submeta artigos a diretórios de artigos respeitáveis.
- **Comunidades e fóruns**: Compartilhe seu conteúdo em comunidades e fóruns online relevantes.

Parcerias estratégicas

Colabore com parceiros estratégicos para ampliar o alcance do seu conteúdo.

- **Co-criação de conteúdo**: Trabalhe com parceiros para criar conteúdo conjunto.
- **Cross-promotion**: Promova o conteúdo dos seus parceiros em troca de promoção do seu conteúdo.

MEDINDO O SUCESSO DO CONTENT MARKETING

Monitorar e analisar o desempenho do seu conteúdo é crucial para entender o que funciona e onde melhorar.

Principais métricas de desempenho

Acompanhe as métricas-chave para avaliar o sucesso do seu conteúdo.

- **Tráfego do site**: Quantidade de visitantes que seu conteúdo atrai.
- **Tempo na página**: Quanto tempo os visitantes passam consumindo seu conteúdo.
- **Taxa de rejeição**: Percentual de visitantes que saem do site após visualizar uma única página.
- **Engajamento**: Comentários, compartilhamentos e interações com seu conteúdo.
- **Taxa de conversão**: Percentual de visitantes que realizam uma ação desejada, como preencher um

formulário ou fazer uma compra.

Ferramentas de análise

Utilize ferramentas de análise para monitorar o desempenho do seu conteúdo.

- **Google Analytics**: Oferece insights detalhados sobre o comportamento dos visitantes do seu site.
- **SEMrush**: Ferramenta abrangente para análise de SEO e desempenho de conteúdo.
- **BuzzSumo**: Ajuda a identificar o conteúdo mais compartilhado e envolvente em seu nicho.

Feedback do público

Solicite feedback direto do seu público para entender melhor suas preferências e necessidades.

- **Pesquisas e questionários**: Envie pesquisas e questionários para obter insights diretos.
- **Comentários e interações**: Monitore e responda a comentários em seu conteúdo.

MELHORES PRÁTICAS PARA CONTENT MARKETING

Para maximizar a eficácia da sua estratégia de content marketing, siga estas melhores práticas:

- **Consistência**: Publique conteúdo de forma regular para manter seu público engajado.
- **Qualidade sobre quantidade**: Priorize a criação de conteúdo de alta qualidade em vez de volume.
- **Relevância**: Certifique-se de que seu conteúdo é relevante e útil para seu público-alvo.
- **Interatividade**: Crie oportunidades para que seu público interaja com seu conteúdo.
- **Atualização regular**: Atualize conteúdo antigo para manter sua relevância e precisão.

O content marketing focado é uma estratégia poderosa para atrair e engajar seu público-alvo, estabelecendo sua autoridade e impulsionando suas vendas. Ao seguir as estratégias e melhores práticas discutidas neste capítulo, você estará em uma posição forte para criar e distribuir conteúdo valioso que realmente ressoa com seu público.

No próximo capítulo, vamos explorar como organizar webinars e workshops online para educar seu público e promover seus produtos de forma discreta.

WEBINARS E WORKSHOPS ONLINE

Webinars e workshops online são ferramentas poderosas para educar seu público, construir relacionamentos e promover seus produtos de maneira discreta e eficaz. Neste capítulo, exploraremos como organizar, promover e executar webinars e workshops que envolvem seu público e impulsionam suas vendas, sem depender de redes sociais.

A IMPORTÂNCIA DE WEBINARS E WORKSHOPS

Webinars e workshops oferecem uma plataforma interativa para demonstrar seu conhecimento, responder perguntas em tempo real e criar uma conexão mais pessoal com seu público. Eles são ideais para:

1. **Educar o público**: Fornecer informações valiosas e práticas que ajudam seu público a resolver problemas ou melhorar suas habilidades.
2. **Gerar leads**: Capturar informações de contato de participantes interessados, alimentando seu funil de vendas.
3. **Aumentar a autoridade**: Estabelecer-se como um especialista em seu campo.
4. **Promover produtos**: Apresentar seus produtos ou serviços de maneira mais detalhada e convincente.

PLANEJAMENTO DE WEBINARS E WORKSHOPS

O planejamento é crucial para o sucesso de seus eventos online. Aqui estão os passos essenciais:

Definição de objetivos

Determine claramente o que você deseja alcançar com seu webinar ou workshop.

- **Educação**: Fornecer conhecimento sobre um tópico específico.
- **Geração de Leads**: Capturar informações de contato de participantes interessados.

- **Promoção de produtos**: Demonstrar e vender seus produtos ou serviços.

Conhecimento do público-alvo

Entenda quem são os participantes ideais para seu evento e adapte seu conteúdo para atender às suas necessidades e interesses.

- **Perfis de participantes**: Crie personas detalhadas dos participantes.
- **Necessidades e desafios**: Identifique os principais desafios e necessidades do seu público.

Escolha do tópico

Selecione um tópico relevante e interessante que ressoe com seu público.

- **Relevância**: Escolha um tema que seja importante para seu público-alvo.
- **Originalidade**: Ofereça um ângulo único ou uma nova perspectiva sobre o tema.

Escolha da plataforma

Escolha uma plataforma confiável e fácil de usar para hospedar seu webinar ou workshop.

- **Zoom**: Popular para webinars e reuniões online.
- **Webex**: Oferece ferramentas robustas para webinars e conferências.
- **GoToWebinar**: Focado em webinars, com recursos avançados de interação e análise.
- **Microsoft Teams**: Boa opção para empresas que já utilizam o ecossistema Microsoft.

CRIAÇÃO DE CONTEÚDO PARA WEBINARS E WORKSHOPS

Estrutura do conteúdo

Estruture seu conteúdo de maneira lógica e envolvente.

- **Introdução**: Apresente-se, defina o tema e explique o que os participantes podem esperar.
- **Corpo principal**: Divida o conteúdo principal em seções claras e organizadas.
- **Conclusão**: Resuma os pontos principais e ofereça uma chamada para ação (CTA).

Materiais de apoio

Prepare materiais de apoio para enriquecer a experiência dos participantes.

- **Slides**: Crie slides visuais e atraentes que complementem sua apresentação.
- **Guias e manuais**: Forneça guias, manuais ou listas de verificação que os participantes possam baixar.
- **Exercícios práticos**: Inclua exercícios práticos ou estudos de caso para aplicar o conhecimento.

Interatividade

Incorpore elementos interativos para manter os participantes engajados.

- **Perguntas e respostas**: Reserve tempo para responder perguntas dos participantes.
- **Enquetes e sondagens**: Use enquetes ao vivo para coletar feedback e envolver o público.
- **Sessões de grupo**: Divida os participantes em grupos menores para discussões ou atividades práticas.

PROMOÇÃO DE WEBINARS E WORKSHOPS

Promover seu evento de forma eficaz é crucial para atrair participantes. Aqui estão algumas estratégias:

E-mail marketing

Utilize sua lista de e-mails para convidar e lembrar os participantes.

- **Convites personalizados**: Envie convites personalizados destacando os benefícios do evento.
- **Lembretes**: Envie lembretes próximos à data do evento para aumentar a participação.

Parcerias estratégicas

Colabore com parceiros para promover seu evento a um público mais amplo.

- **Cross-promotion**: Promova o evento nos canais dos seus parceiros.
- **Co-criação**: Convide parceiros para co-apresentar ou colaborar no evento.

Anúncios pagos

Invista em anúncios pagos para alcançar um público maior.

- **Google Ads**: Utilize anúncios de pesquisa e display para promover seu evento.
- **Plataformas de publicidade**: Anuncie em plataformas como LinkedIn Ads, especialmente para eventos B2B.

Listagens em diretórios

Liste seu evento em diretórios de webinars e eventos online.

- **Eventbrite**: Plataforma popular para listagem e promoção de eventos.
- **Meetup**: Ideal para eventos de nicho e comunitários.

- **Webinar Listings**: Sites especializados em listar webinars e workshops.

EXECUÇÃO DE WEBINARS E WORKSHOPS

Preparação Técnica

Certifique-se de que todos os aspectos técnicos estejam funcionando corretamente.

- **Teste de equipamentos**: Teste seu microfone, câmera e conexão à internet antes do evento.
- **Configuração da plataforma**: Configure a plataforma de webinar com antecedência, incluindo salas de espera e enquetes.

Apresentação

Conduza o evento de maneira profissional e envolvente.

- **Introdução envolvente**: Comece com uma introdução que capte a atenção dos participantes.
- **Fluidez na apresentação**: Mantenha a fluidez e o ritmo da apresentação para manter o engajamento.
- **Interação regular**: Encoraje perguntas e interação ao longo do evento.

Gestão de perguntas e respostas

Gerencie a sessão de perguntas e respostas de maneira eficaz.

- **Moderação**: Tenha um moderador para ajudar a gerenciar perguntas e manter o fluxo.
- **Respostas Claras**: Responda de maneira clara e concisa, mantendo o foco no tópico.

Conclusão e CTA

Termine o evento com uma conclusão forte e uma

chamada para ação.

- **Resumo dos pontos principais**: Recapitule os principais pontos discutidos.
- **CTA Claro**: Ofereça uma chamada para ação clara, como inscrever-se em um curso, baixar um e-book ou agendar uma consulta.

FOLLOW-UP PÓS-EVENTO

O acompanhamento pós-evento é crucial para manter o engajamento e converter leads em clientes.

E-mails de agradecimento

Envie e-mails de agradecimento aos participantes.

- **Agradecimento personalizado**: Personalize o e-mail para mostrar apreço pela participação.
- **Recursos adicionais**: Inclua links para recursos adicionais, gravação do webinar e materiais de apoio.

Pesquisa de feedback

Solicite feedback dos participantes para melhorar futuros eventos.

- **Pesquisas rápidas**: Envie pesquisas rápidas para coletar feedback sobre o conteúdo e a apresentação.
- **Análise de feedback**: Analise o feedback para identificar áreas de melhoria.

Continuação do engajamento

Mantenha o engajamento com os participantes através de conteúdo relevante e ofertas especiais.

- **Conteúdo seguinte**: Envie conteúdo adicional relacionado ao tema do webinar.

- **Ofertas exclusivas**: Ofereça descontos ou ofertas exclusivas para participantes do webinar.

MEDINDO O SUCESSO DE WEBINARS E WORKSHOPS

Monitorar e avaliar o desempenho dos seus webinars e workshops é essencial para entender o impacto e melhorar continuamente.

Principais métricas de desempenho

- **Número de inscritos**: Quantidade de pessoas que se inscreveram para o evento.
- **Taxa de participação**: Percentual de inscritos que realmente participaram.
- **Engajamento durante o evento**: Nível de interação e participação dos presentes.
- **Conversões**: Número de participantes que realizaram a ação desejada após o evento.
- **Feedback dos participantes**: Avaliações e comentários dos participantes.

Ferramentas de análise

Utilize ferramentas de análise para monitorar o desempenho dos seus eventos.

- **Plataformas de webinar**: Muitas plataformas de webinar oferecem relatórios detalhados sobre participação e engajamento.
- **Google Analytics**: Monitore o tráfego gerado para seu site e as ações dos participantes pós-evento.

MELHORES PRÁTICAS PARA WEBINARS E WORKSHOPS

Para maximizar a eficácia dos seus webinars e workshops, siga estas melhores práticas:

- **Planejamento antecipado**: Planeje com antecedência para garantir uma execução suave.

- **Qualidade de conteúdo**: Priorize a qualidade do conteúdo e a relevância para seu público.
- **Interatividade**: Envolva os participantes com elementos interativos.
- **Acompanhamento pós-evento**: Realize um acompanhamento eficaz para manter o engajamento e converter leads.

Organizar webinars e workshops online pode ser uma maneira altamente eficaz de educar seu público, promover seus produtos e estabelecer sua autoridade sem depender das redes sociais. Ao seguir as estratégias e melhores práticas discutidas neste capítulo, você estará bem posicionado para criar eventos online que realmente ressoem com seu público e impulsionem suas vendas.

No próximo capítulo, discutiremos como otimizar seu site ou loja online para maximizar as taxas de conversão de visitantes em compradores.

OTIMIZAÇÃO DE CONVERSÃO PARA SITES

A otimização da taxa de conversão (CRO) é um processo crucial para transformar visitantes do site em clientes pagantes. Neste capítulo, vamos explorar estratégias e práticas recomendadas para otimizar seu site ou loja online, maximizando suas taxas de conversão e, consequentemente, suas vendas.

A IMPORTÂNCIA DA OTIMIZAÇÃO DE CONVERSÃO

Aumentar a taxa de conversão significa que mais visitantes do seu site estão realizando ações desejadas, como fazer uma compra, preencher um formulário ou inscrever-se em uma newsletter. Isso não apenas aumenta suas vendas, mas também melhora o retorno sobre investimento (ROI) das suas campanhas de marketing.

ELEMENTOS ESSENCIAIS DA OTIMIZAÇÃO DE CONVERSÃO

Design e usabilidade do site

Um design de site intuitivo e fácil de navegar é fundamental para uma boa experiência do usuário.

- **Layout limpo e simples**: Um layout limpo, sem distrações desnecessárias, ajuda os visitantes a focarem nas ações principais.
- **Navegação intuitiva**: Menus claros e uma estrutura de navegação intuitiva facilitam a busca de informações.
- **Tempo de carregamento rápido**: Sites que carregam rapidamente reduzem a taxa de rejeição e melhoram a experiência do usuário. Utilize ferramentas como Google PageSpeed Insights para medir e melhorar a velocidade do seu site.

Call to Action (CTA)

CTAs eficazes são cruciais para guiar os visitantes a realizar ações específicas.

- **Visibilidade**: Coloque CTAs em locais estratégicos, como no topo da página, no meio do conteúdo e no final.
- **Clareza**: Use linguagem clara e direta que deixe claro o que os visitantes devem fazer (ex.: "Compre Agora", "Saiba Mais", "Inscreva-se").
- **Urgência e relevância**: Adicione um senso de urgência ou relevância (ex.: "Oferta por Tempo Limitado", "Garanta sua Vaga").

Conteúdo persuasivo

Conteúdo bem elaborado e convincente pode aumentar significativamente suas taxas de conversão.

- **Títulos atraentes**: Use títulos cativantes que chamem a atenção e incentivem a leitura.
- **Prova social**: Inclua testemunhos, avaliações e estudos de caso para construir confiança.
- **Benefícios claros**: Destaque os benefícios do seu produto ou serviço de maneira clara e concisa.

Imagens e vídeos de alta qualidade

Elementos visuais de alta qualidade podem aumentar o engajamento e a confiança dos visitantes.

- **Fotos profissionais**: Utilize fotos profissionais de seus produtos ou serviços.
- **Vídeos demonstrativos**: Crie vídeos que demonstrem como usar seus produtos ou os benefícios dos seus serviços.
- **Infográficos**: Utilize infográficos para explicar informações complexas de forma visualmente atraente.

FERRAMENTAS DE OTIMIZAÇÃO DE CONVERSÃO

Existem várias ferramentas que podem ajudá-lo a otimizar a

taxa de conversão do seu site.

Ferramentas de Teste A/B

Testes A/B permitem comparar duas versões de uma página para ver qual desempenho é melhor.

- **Google Optimize**: Ferramenta gratuita para criar e analisar testes A/B.
- **Optimizely**: Plataforma robusta para testes A/B, testes multivariados e personalização.
- **VWO (Visual Website Optimizer)**: Ferramenta completa para testes A/B e otimização de experiência.

Ferramentas de análise de comportamento

Compreender como os visitantes interagem com seu site é crucial para otimização.

- **Hotjar**: Oferece mapas de calor, gravações de sessões e funis de conversão.
- **Crazy Egg**: Fornece mapas de calor, mapas de rolagem e testes A/B.
- **Mouseflow**: Ferramenta de análise de comportamento com gravações de sessões, mapas de calor e funis.

Ferramentas de feedback do cliente

Obter feedback direto dos visitantes pode fornecer insights valiosos para melhorias.

- **SurveyMonkey**: Plataforma para criar e distribuir pesquisas.
- **Qualaroo**: Ferramenta para coletar feedback em tempo real dos visitantes do site.
- **Google Forms**: Solução gratuita para criar pesquisas simples e coletar respostas.

ESTRATÉGIAS AVANÇADAS DE CRO

Para aqueles que já dominaram os fundamentos da otimização de conversão, explorar estratégias avançadas pode proporcionar uma vantagem adicional.

Personalização de conteúdo

Personalizar o conteúdo com base no comportamento e nas preferências dos usuários pode aumentar significativamente as taxas de conversão.

- **Recomendações de produtos**: Utilize algoritmos de recomendação para mostrar produtos relevantes com base no histórico de navegação e compras.
- **Mensagens personalizadas**: Exiba mensagens personalizadas com base na localização, histórico de visitas ou comportamento do usuário.
- **Conteúdo dinâmico**: Use conteúdo dinâmico que muda de acordo com as preferências do visitante.

Funis de conversão otimizados

Crie funis de conversão otimizados para guiar os visitantes do interesse à ação.

- **Mapeamento do funil**: Identifique todas as etapas do funil de conversão e analise onde ocorrem as desistências.
- **Otimização de cada etapa**: Otimize cada etapa do funil, desde a página de destino até a página de checkout.
- **Redução de fricção**: Simplifique processos, elimine campos desnecessários em formulários e ofereça opções de pagamento fáceis.

Automação de marketing

Utilizar automação para gerenciar e otimizar seus esforços de marketing pode melhorar a eficiência e a eficácia.

- **E-mails automatizados**: Configure e-mails automatizados para nutrição de leads, recuperação de carrinhos abandonados e follow-ups pós-compra.
- **CRM integrado**: Use sistemas de CRM para acompanhar interações com clientes e personalizar comunicações.
- **Segmentação avançada**: Segmente seus leads e clientes com base em comportamentos e preferências para campanhas mais direcionadas.

MEDINDO O SUCESSO DA OTIMIZAÇÃO DE CONVERSÃO

Monitorar e analisar o desempenho da otimização de conversão é crucial para entender o impacto das suas estratégias e identificar áreas de melhoria contínua.

Principais métricas de conversão

Acompanhe as métricas-chave para avaliar o sucesso das suas estratégias de CRO.

- **Taxa de conversão**: Percentual de visitantes que realizam a ação desejada.
- **Taxa de rejeição**: Percentual de visitantes que saem do site após visualizar uma única página.
- **Tempo médio no site**: Quanto tempo os visitantes passam no seu site.
- **Páginas por sessão**: Número médio de páginas visualizadas por sessão.
- **Taxa de abandono de carrinho**: Percentual de visitantes que adicionam itens ao carrinho, mas não completam a compra.

Ferramentas de análise

Utilize ferramentas de análise para monitorar o desempenho das suas estratégias de otimização de conversão.

- **Google Analytics**: Ferramenta gratuita para análise detalhada de tráfego e comportamento do site.
- **Hotjar**: Para análise de comportamento do usuário e feedback.
- **Crazy Egg**: Para mapas de calor e testes A/B.

MELHORES PRÁTICAS PARA OTIMIZAÇÃO DE CONVERSÃO

Para maximizar a eficácia das suas estratégias de otimização de conversão, siga estas melhores práticas:

- **Teste continuamente**: Realize testes contínuos para descobrir o que funciona melhor e otimize regularmente.
- **Foco no usuário**: Sempre considere a experiência do usuário em primeiro lugar.
- **Baseie-se em dados**: Tome decisões baseadas em dados concretos e análises, não em suposições.
- **Feedback contínuo**: Colete e analise feedback do cliente regularmente para identificar oportunidades de melhoria.

A otimização da taxa de conversão é uma estratégia essencial para maximizar o impacto do seu site ou loja online, transformando mais visitantes em clientes pagantes. Ao implementar as técnicas e práticas discutidas neste capítulo, você estará em uma posição forte para aumentar suas vendas e melhorar o ROI das suas campanhas de marketing.

No próximo capítulo, vamos explorar como utilizar blogs para atrair tráfego qualificado para seu site e converter visitantes em clientes.

UTILIZANDO BLOGS PARA ATRAIR TRÁFEGO

Manter um blog pode ser uma ferramenta poderosa para atrair visitantes qualificados para o seu site e converter esses visitantes em clientes. Neste capítulo, exploraremos como escrever e manter um blog eficaz que direcione tráfego para seus produtos digitais, mantendo o engajamento do público e impulsionando suas vendas.

A IMPORTÂNCIA DO BLOGGING NO MARKETING DIGITAL

O blogging é uma estratégia central de content marketing que oferece vários benefícios:

1. **Aumento do tráfego orgânico**: Conteúdo otimizado para SEO atrai visitantes dos motores de busca.
2. **Educação do público**: Artigos informativos ajudam a educar seu público sobre seus produtos e setor.
3. **Construção de autoridade**: Postagens de blog de alta qualidade estabelecem você como uma autoridade em seu nicho.
4. **Geração de leads**: Oferece oportunidades para capturar informações de contato através de chamadas para ação (CTAs) estratégicas.

PLANEJAMENTO DE CONTEÚDO PARA BLOGS

O planejamento é essencial para criar um blog que atrai e retém a atenção dos leitores.

Definição de objetivos

Estabeleça objetivos claros para o seu blog, como:

- **Aumentar a visibilidade**: Atrair mais visitantes para o seu site.
- **Educar o público**: Fornecer informações valiosas que ajudam seu público.
- **Gerar leads**: Capturar e-mails e informações de contato dos leitores.
- **Impulsionar vendas**: Converter leitores em

clientes através de conteúdo persuasivo.

Conhecimento do público-alvo

Entender seu público-alvo é crucial para criar conteúdo relevante.

- **Pesquisa de mercado**: Utilize ferramentas como Google Analytics, SEMrush e pesquisas de mercado para entender melhor seu público.
- **Criação de personas**: Desenvolva personas detalhadas que representem seus clientes ideais, incluindo suas necessidades, desafios e interesses.

Brainstorming de tópicos

Crie uma lista de tópicos que sejam relevantes para seu público e alinhados com seus objetivos de marketing.

- **Pesquisa de palavras-chave**: Use ferramentas como Google Keyword Planner, SEMrush e Ahrefs para identificar palavras-chave relevantes.
- **Análise de concorrência**: Veja o que seus concorrentes estão escrevendo e identifique lacunas em seu conteúdo.
- **Feedback do público**: Pergunte diretamente ao seu público sobre quais tópicos eles gostariam de saber mais.

Criação de um calendário editorial

Um calendário editorial ajuda a planejar e organizar suas postagens de blog.

- **Frequência de postagem**: Defina a frequência com que você publicará novos conteúdos (ex.: semanalmente, quinzenalmente).
- **Datas de publicação**: Estabeleça datas específicas para cada postagem.

- **Responsabilidade**: Atribua responsabilidades para a criação e revisão do conteúdo.

CRIAÇÃO DE CONTEÚDO DE QUALIDADE

Para que seu blog seja eficaz, o conteúdo deve ser de alta qualidade e relevante para seu público.

Estrutura das postagens

Estruture suas postagens de maneira clara e lógica.

- **Título atraente**: Crie títulos cativantes que chamem a atenção e incentivem a leitura.
- **Introdução envolvente**: Comece com uma introdução que desperte o interesse do leitor e estabeleça o contexto.
- **Corpo principal**: Organize o conteúdo em seções claras com subtítulos, parágrafos curtos e listas.
- **Conclusão e CTA**: Termine com uma conclusão que resuma os pontos principais e inclua uma chamada para ação (CTA).

Qualidade do conteúdo

Certifique-se de que seu conteúdo seja informativo, bem pesquisado e original.

- **Profundidade**: Forneça informações detalhadas e insights valiosos.
- **Originalidade**: Evite conteúdo duplicado e ofereça perspectivas únicas.
- **Precisão**: Verifique a precisão dos fatos e dados apresentados.

Otimização para SEO

O SEO é essencial para aumentar a visibilidade do seu blog nos motores de busca.

- **Palavras-chave**: Utilize palavras-chave relevantes de maneira natural ao longo do texto.
- **Meta descrições**: Escreva meta descrições atraentes e informativas.
- **URLs amigáveis**: Use URLs curtas e descritivas.
- **Links internos e externos**: Inclua links para outras postagens do seu blog e fontes externas de alta autoridade.
- **Imagens otimizadas**: Use imagens de alta qualidade com descrições alt otimizadas para SEO.

PROMOÇÃO DO BLOG

Criar conteúdo de qualidade é apenas metade da batalha; promover esse conteúdo é igualmente importante.

Redes de distribuição

Distribua seu conteúdo através de várias redes para aumentar o alcance.

- **E-mail marketing**: Envie suas postagens para sua lista de e-mails.
- **Parcerias**: Colabore com parceiros para compartilhar conteúdo.
- **Comunidades online**: Compartilhe suas postagens em fóruns e grupos online relevantes.

Plataformas de publicação

Publique seu conteúdo em plataformas adicionais para alcançar novos públicos.

- **Medium**: Publique artigos no Medium para aumentar sua visibilidade.
- **LinkedIn**: Utilize o LinkedIn para compartilhar conteúdo B2B.
- **Guest Posting**: Escreva posts de convidados para

blogs influentes em seu nicho.

Estratégias de promoção paga

Invista em estratégias de promoção paga para aumentar o alcance do seu blog.

- **Google Ads**: Use Google Ads para promover suas postagens de blog.
- **Anúncios nativos**: Utilize plataformas como Taboola e Outbrain para promover conteúdo nativo.
- **Publicidade em sites relevantes**: Coloque anúncios em sites e blogs relevantes ao seu nicho.

ENGAJAMENTO E INTERAÇÃO

Manter os leitores engajados e incentivá-los a interagir com seu conteúdo é fundamental.

Comentários e feedback

Encoraje os leitores a deixarem comentários e feedback.

- **Perguntas no final do post**: Inclua perguntas no final das postagens para incentivar comentários.
- **Respostas ativas**: Responda aos comentários de maneira oportuna e envolvente.
- **Feedback do leitor**: Use enquetes e pesquisas para coletar feedback direto dos leitores.

Social media

Mesmo sem uma presença ativa nas redes sociais, você pode aproveitar as contas existentes para promover seu blog.

- **Botões de compartilhamento social**: Inclua botões de compartilhamento social em suas postagens para facilitar o compartilhamento

pelos leitores.
- **Comunidades e grupos**: Participe de comunidades e grupos online onde você pode compartilhar seu conteúdo.

Engajamento contínuo

Mantenha o engajamento dos leitores com conteúdo contínuo e relevante.

- **Séries de postagens**: Crie séries de postagens sobre um tema específico para manter os leitores voltando.
- **Conteúdo exclusivo**: Ofereça conteúdo exclusivo para assinantes de e-mail.
- **Atualização de conteúdo**: Atualize postagens antigas com novas informações e promova-as novamente.

MEDINDO O SUCESSO DO BLOG

Monitorar e analisar o desempenho do seu blog é crucial para entender o impacto das suas estratégias e identificar áreas de melhoria contínua.

Principais métricas de desempenho

Acompanhe as métricas-chave para avaliar o sucesso do seu blog.

- **Tráfego do blog**: Quantidade de visitantes que seu blog atrai.
- **Taxa de rejeição**: Percentual de visitantes que saem do site após visualizar uma única página.
- **Tempo na página**: Quanto tempo os visitantes passam em suas postagens.
- **Engajamento**: Número de comentários, compartilhamentos e interações.
- **Conversões**: Número de visitantes que realizam

uma ação desejada (ex.: assinar a newsletter, fazer uma compra).

Ferramentas de análise

Utilize ferramentas de análise para monitorar o desempenho do seu blog.

- **Google Analytics**: Ferramenta gratuita para análise detalhada de tráfego e comportamento do site.
- **SEMrush**: Para análise de SEO e desempenho de conteúdo.
- **BuzzSumo**: Para identificar o conteúdo mais compartilhado e envolvente.

MELHORES PRÁTICAS PARA BLOGGING

Para maximizar a eficácia do seu blog, siga estas melhores práticas:

- **Consistência**: Publique conteúdo de forma regular para manter o interesse do público.
- **Qualidade sobre quantidade**: Priorize a criação de conteúdo de alta qualidade em vez de volume.
- **Relevância**: Certifique-se de que seu conteúdo é relevante e útil para seu público-alvo.
- **Interatividade**: Crie oportunidades para que seu público interaja com seu conteúdo.
- **Atualização regular**: Atualize conteúdo antigo para manter sua relevância e precisão.

Utilizar um blog para atrair tráfego qualificado é uma estratégia poderosa para aumentar a visibilidade do seu site e converter visitantes em clientes. Ao implementar as técnicas e práticas discutidas neste capítulo, você estará em uma posição forte para criar e manter um blog que realmente ressoe com seu público e impulsione suas vendas.

No próximo capítulo, vamos explorar estratégias de lançamento de produto que criam impacto e geram vendas sem o apoio das redes sociais.

ESTRATÉGIAS DE LANÇAMENTO DE PRODUTO

Lançar um produto de forma eficaz é crucial para gerar impacto e impulsionar as vendas. Mesmo sem o apoio das redes sociais, existem várias estratégias comprovadas que podem criar um lançamento de produto bem-sucedido. Neste capítulo, exploraremos técnicas detalhadas para planejar e executar lançamentos de produtos digitais que gerem buzz, atraiam clientes e impulsionem suas vendas.

A IMPORTÂNCIA DE UM LANÇAMENTO BEM PLANEJADO

Um lançamento bem planejado não só cria expectativa e entusiasmo em torno do seu produto, mas também pode maximizar o impacto das suas vendas iniciais. Ele ajuda a estabelecer uma base sólida para o crescimento contínuo do produto e garante que seu público-alvo esteja ciente e interessado na nova oferta.

ETAPAS PARA UM LANÇAMENTO DE PRODUTO BEM-SUCEDIDO

Pesquisa e planejamento

O primeiro passo para um lançamento bem-sucedido é a pesquisa e o planejamento detalhado.

- **Pesquisa de mercado**: Compreenda o mercado, analise concorrentes e identifique oportunidades. Ferramentas como SEMrush, Ahrefs e Google Trends podem fornecer insights valiosos.
- **Definição de público-alvo**: Identifique claramente quem é seu público-alvo e entenda suas necessidades e preferências.
- **Análise de concorrência**: Estude os concorrentes e aprenda com seus lançamentos anteriores, identificando o que funcionou e o que não funcionou.

Criação de uma proposta de valor única

Sua proposta de valor única (UVP) deve comunicar claramente

os benefícios e diferenciais do seu produto.

- **Clareza**: A UVP deve ser simples e fácil de entender.
- **Foco nos benefícios**: Destaque como o produto resolve problemas específicos do seu público.
- **Diferenciação**: Explique o que torna seu produto diferente e melhor do que os concorrentes.

Desenvolvimento de um plano de lançamento

Crie um plano de lançamento detalhado que inclua todas as etapas e atividades necessárias.

- **Calendário de lançamento**: Defina datas importantes, como o pré-lançamento, lançamento e pós-lançamento.
- **Recursos necessários**: Liste todos os recursos necessários, como materiais de marketing, equipe e ferramentas.
- **Responsabilidades**: Atribua responsabilidades claras para cada etapa do lançamento.

ESTRATÉGIAS DE PRÉ-LANÇAMENTO

A fase de pré-lançamento é crucial para gerar expectativa e preparar seu público para o novo produto.

Teasers e Sneak Peeks

Compartilhe teasers e prévias para criar antecipação.

- **Conteúdo exclusivo**: Ofereça sneak peeks exclusivos para seus assinantes de e-mail ou clientes leais.
- **Vídeos teaser**: Crie vídeos curtos que destacam os principais benefícios e recursos do produto.
- **Blog posts**: Publique artigos em seu blog sobre o desenvolvimento do produto e seus diferenciais.

Listas de espera e pré-inscrições

Crie listas de espera para capturar leads interessados antes do lançamento oficial.

- **Landing pages**: Desenvolva landing pages dedicadas onde os visitantes podem se inscrever para atualizações e ofertas exclusivas.
- **Incentivos**: Ofereça incentivos, como descontos ou acesso antecipado, para aqueles que se inscreverem na lista de espera.

Campanhas de e-mail marketing

Use e-mail marketing para manter seu público informado e engajado.

- **Sequências de pré-lançamento**: Envie uma série de e-mails que constrói expectativa e educa seu público sobre o produto.
- **E-mails de contagem regressiva**: Envie e-mails de contagem regressiva nos dias que antecedem o lançamento para aumentar a antecipação.

Parcerias estratégicas

Colabore com parceiros e influenciadores para ampliar o alcance do seu pré-lançamento.

- **Co-marketing**: Realize campanhas de co-marketing com parceiros que compartilhem um público semelhante.
- **Influenciadores**: Trabalhe com influenciadores do seu nicho para promover o produto antecipadamente.

ESTRATÉGIAS DE LANÇAMENTO

No dia do lançamento, sua meta é maximizar o impacto e gerar o maior número de vendas possível.

Eventos de lançamento

Organize eventos de lançamento online para apresentar oficialmente o produto.

- **Webinars de lançamento**: Conduza webinars ao vivo onde você demonstra o produto e responde perguntas em tempo real.
- **Workshops online**: Ofereça workshops online para mostrar como utilizar o produto de maneira eficaz.

Ofertas e descontos de lançamento

Incentive as vendas iniciais com ofertas e descontos especiais.

- **Descontos limitados**: Ofereça descontos por tempo limitado para criar um senso de urgência.
- **Pacotes de lançamento**: Crie pacotes de lançamento que combinem o novo produto com outros produtos ou serviços relevantes.

Campanhas de publicidade paga

Investir em publicidade paga pode aumentar significativamente a visibilidade do seu lançamento.

- **Google Ads**: Crie campanhas específicas para o lançamento utilizando palavras-chave relevantes.
- **Anúncios Display**: Use anúncios display para alcançar um público mais amplo.
- **Remarketing**: Utilize campanhas de remarketing para atingir visitantes que demonstraram interesse anteriormente.

ESTRATÉGIAS DE PÓS-LANÇAMENTO

O trabalho não termina no dia do lançamento. A fase de pós-lançamento é crucial para manter o impulso e continuar gerando vendas.

Follow-up com compradores

Envie e-mails de agradecimento e solicite feedback dos compradores iniciais.

- **E-mails de agradecimento**: Envie e-mails de agradecimento personalizados para mostrar apreço.
- **Solicitação de avaliações**: Peça aos compradores que deixem avaliações e depoimentos sobre o produto.

Atualizações e melhoria contínua

Monitore o feedback e faça melhorias contínuas no produto.

- **Feedback do cliente**: Coleta feedback contínuo através de pesquisas e análises de satisfação do cliente.
- **Lançamentos de atualizações**: Lança atualizações e melhorias com base no feedback recebido.

Estratégias de marketing continuado

Mantenha suas campanhas de marketing ativas para continuar promovendo o produto.

- **Conteúdo relacionado**: Publique conteúdo relacionado ao produto em seu blog e canais de e-mail.
- **Campanhas de e-mail marketing**: Continue enviando campanhas de e-mail para nutrir leads e incentivar vendas adicionais.
- **Promoções periódicas**: Ofereça promoções e descontos periódicos para manter o interesse.

MEDINDO O SUCESSO DO LANÇAMENTO

Monitorar e analisar o desempenho do seu lançamento é essencial para entender o impacto e identificar áreas de melhoria.

Principais métricas de desempenho

Acompanhe as métricas-chave para avaliar o sucesso do lançamento.

- **Número de vendas**: Total de vendas geradas durante o lançamento.
- **Taxa de conversão**: Percentual de visitantes que realizaram uma compra.
- **Engajamento do público**: Nível de interação e engajamento com suas campanhas de marketing.
- **Feedback e avaliações**: Qualidade e quantidade de feedback e avaliações recebidas.

Ferramentas de análise

Utilize ferramentas de análise para monitorar o desempenho do seu lançamento.

- **Google Analytics**: Ferramenta gratuita para análise detalhada de tráfego e comportamento do site.
- **Plataformas de e-mail marketing**: Ferramentas integradas de análise para monitorar o desempenho das campanhas de e-mail.
- **Software de CRM**: Utilize CRM para rastrear interações com clientes e avaliar o sucesso das suas estratégias de lançamento.

Melhores práticas para lançamentos de produto

Para maximizar a eficácia do seu lançamento de produto, siga estas melhores práticas:

- **Planejamento antecipado**: Planeje seu lançamento com bastante antecedência para garantir que todos os aspectos estejam bem organizados.
- **Engajamento contínuo**: Mantenha o engajamento do público antes, durante e após o lançamento.
- **Flexibilidade e adaptação**: Esteja preparado para ajustar suas estratégias com base no feedback e nos resultados iniciais.
- **Baseie-se em dados**: Utilize dados e análises para tomar decisões informadas e otimizar suas estratégias

de lançamento.

Executar um lançamento de produto bem-sucedido requer planejamento cuidadoso, estratégias de pré-lançamento e lançamento eficazes, e um foco contínuo em engajamento e otimização. Ao seguir as técnicas e práticas discutidas neste capítulo, você estará em uma posição forte para criar lançamentos de produtos que gerem impacto, atraiam clientes e impulsionem suas vendas.

No próximo capítulo, vamos explorar como monitorar e analisar dados para melhorar continuamente suas estratégias de marketing e vendas.

ANÁLISE DE DADOS PARA VENDAS DISCRETAS

Monitorar e analisar dados é essencial para o sucesso contínuo das suas estratégias de marketing e vendas, especialmente quando você opta por uma abordagem discreta sem o uso intensivo de redes sociais. Neste capítulo, exploraremos como coletar, analisar e utilizar dados para melhorar suas estratégias de marketing e vendas, maximizando seus resultados de forma eficaz.

A IMPORTÂNCIA DA ANÁLISE DE DADOS

A análise de dados permite que você tome decisões informadas com base em evidências concretas, em vez de suposições. Com dados precisos, você pode:

1. **Identificar oportunidades**: Descobrir novas oportunidades de mercado e áreas de melhoria.
2. **Otimizar campanhas**: Ajustar e otimizar suas campanhas de marketing para melhorar o ROI.
3. **Entender o comportamento do cliente**: Compreender melhor como os clientes interagem com seu site e produtos.
4. **Tomar decisões informadas**: Basear suas decisões de negócios em dados reais e atualizados.

COLETA DE DADOS

Para começar a análise de dados, você precisa coletar dados relevantes de diversas fontes.

Ferramentas de análise de site

Utilize ferramentas de análise de site para coletar dados sobre o comportamento dos visitantes.

- **Google Analytics**: Ferramenta gratuita que oferece insights detalhados sobre o tráfego do site, comportamento do usuário e conversões.
- **Hotjar**: Ferramenta que fornece mapas de calor, gravações de sessões e funis de conversão para

entender melhor o comportamento do usuário.
- **Crazy Egg**: Oferece mapas de calor, mapas de rolagem e testes A/B para otimizar a experiência do usuário.

Ferramentas de análise de e-mail marketing

Monitore o desempenho das suas campanhas de e-mail marketing.

- **Mailchimp**: Plataforma de e-mail marketing que oferece análises detalhadas sobre taxas de abertura, cliques e conversões.
- **ConvertKit**: Focado em criadores de conteúdo, oferece métricas detalhadas sobre engajamento e conversão.
- **ActiveCampaign**: Combina e-mail marketing com CRM, fornecendo insights abrangentes sobre o comportamento do cliente.

Ferramentas de análise de vendas

Rastreie e analise suas vendas e desempenho de produtos.

- **Shopify**: Plataforma de e-commerce que oferece relatórios detalhados sobre vendas, comportamento do cliente e desempenho do produto.
- **WooCommerce**: Plugin de e-commerce para WordPress com relatórios de vendas e análises de desempenho.
- **BigCommerce**: Plataforma de e-commerce com ferramentas avançadas de análise e relatórios.

Pesquisa de feedback do cliente

Colete feedback direto dos clientes para obter insights qualitativos.

- **SurveyMonkey**: Plataforma para criar e distribuir pesquisas de feedback.
- **Qualaroo**: Ferramenta para coletar feedback em tempo real dos visitantes do site.

- **Google Forms**: Solução gratuita para criar pesquisas simples e coletar respostas.

ANÁLISE DE DADOS

Uma vez coletados os dados, é hora de analisá-los para extrair insights valiosos.

Análise de tráfego

Entenda como os visitantes estão chegando ao seu site e como estão se comportando.

- **Fontes de tráfego**: Identifique de onde vem seu tráfego (orgânico, direto, referência, e-mail, pago).
- **Páginas de entrada e saída**: Analise quais páginas estão trazendo mais visitantes e quais têm a maior taxa de saída.
- **Comportamento do visitante**: Monitore o tempo médio no site, páginas por sessão e taxa de rejeição.

Análise de conversão

Rastreie e otimize suas taxas de conversão.

- **Funis de conversão**: Identifique os pontos de abandono no funil de conversão e faça ajustes para melhorar as taxas de conclusão.
- **Taxas de conversão por fonte**: Compare as taxas de conversão de diferentes fontes de tráfego para identificar as mais eficazes.
- **Análise de formulários**: Avalie o desempenho dos formulários no seu site, identificando campos que podem estar causando fricção.

Análise de campanhas de e-mail marketing

Avalie a eficácia das suas campanhas de e-mail marketing.

- **Taxas de abertura e cliques**: Monitore as taxas de

abertura e cliques para avaliar o engajamento dos destinatários.
- **Taxa de conversão**: Rastreie quantos destinatários realizaram a ação desejada (compra, inscrição, etc.).
- **Segmentação e personalização**: Analise o desempenho de diferentes segmentos e personalizações para identificar as mais eficazes.

Análise de vendas

Monitore e otimize seu desempenho de vendas.

- **Vendas por produto**: Identifique quais produtos estão vendendo mais e quais precisam de mais atenção.
- **Valor médio do pedido**: Monitore o valor médio dos pedidos para identificar oportunidades de upselling e cross-selling.
- **Ciclo de vida do cliente**: Analise o ciclo de vida do cliente, desde a aquisição até a retenção e recompra.

UTILIZAÇÃO DOS INSIGHTS

Transforme os insights obtidos da análise de dados em ações práticas para melhorar suas estratégias de marketing e vendas.

Otimização de conteúdo

Use os dados para otimizar o conteúdo do seu site e campanhas de marketing.

- **SEO**: Identifique oportunidades de palavras-chave e otimize seu conteúdo para melhorar o ranking nos motores de busca.
- **Conteúdo popular**: Crie mais conteúdo semelhante ao que está gerando mais engajamento e tráfego.
- **Atualização de conteúdo**: Atualize conteúdo antigo com novas informações e melhores práticas para mantê-lo relevante.

Segmentação e personalização

Aprimore a segmentação e personalização com base nos dados do comportamento do cliente.

- **Segmentação avançada**: Crie segmentos mais específicos com base em comportamento, demografia e interesses.
- **Personalização de campanhas**: Personalize campanhas de e-mail e conteúdo do site para diferentes segmentos para aumentar o engajamento e conversão.

Ajuste de campanhas

Ajuste suas campanhas de marketing com base nos insights dos dados.

- **Testes A/B**: Realize testes A/B contínuos para identificar quais variações de campanhas são mais eficazes.
- **Orçamento de marketing**: Redirecione o orçamento para os canais e campanhas que estão gerando melhor ROI.
- **Mensagens de marketing**: Ajuste suas mensagens de marketing com base no feedback e comportamento do cliente.

Melhoria do produto

Use o feedback do cliente para melhorar continuamente seus produtos.

- **Desenvolvimento de Produto**: Faça ajustes no design, funcionalidade ou características do produto com base no feedback do cliente.
- **Lançamento de Novos Produtos**: Identifique necessidades não atendidas e oportunidades para novos produtos ou serviços.
- **Suporte ao Cliente**: Aprimore o suporte ao cliente com

base nas sugestões e reclamações mais comuns.

Ferramentas de análise recomendadas

Aqui estão algumas das melhores ferramentas para ajudar na coleta e análise de dados:

- **Google Analytics**: Ferramenta essencial para análise de tráfego e comportamento do site.
- **SEMrush**: Ideal para análise de SEO e desempenho de palavras-chave.
- **Hotjar**: Para entender melhor o comportamento do usuário com mapas de calor e gravações de sessões.
- **Mailchimp**: Plataforma de e-mail marketing com recursos avançados de análise.
- **Shopify**: Plataforma de e-commerce com relatórios detalhados sobre vendas e comportamento do cliente.
- **SurveyMonkey**: Para coletar feedback valioso dos clientes.

A análise de dados é um componente vital para o sucesso das suas estratégias de marketing e vendas. Ao coletar, analisar e utilizar dados de maneira eficaz, você pode tomar decisões informadas, otimizar suas campanhas e melhorar continuamente seus produtos e serviços. Implementando as técnicas e práticas discutidas neste capítulo, você estará bem preparado para maximizar o impacto das suas estratégias de marketing digital de forma discreta e eficaz.

No próximo capítulo, vamos explorar como usar testemunhos e estudos de caso para construir confiança e provar a eficácia dos seus produtos.

TESTEMUNHOS E ESTUDOS DE CASO

Usar testemunhos e estudos de caso é uma maneira eficaz de construir confiança e demonstrar a eficácia dos seus produtos. Neste capítulo, exploraremos como coletar, criar e utilizar testemunhos e estudos de caso para fortalecer sua credibilidade, engajar seu público e impulsionar suas vendas sem depender das redes sociais.

A IMPORTÂNCIA DOS TESTEMUNHOS E ESTUDOS DE CASO

Testemunhos e estudos de caso são provas sociais que ajudam a convencer potenciais clientes da qualidade e eficácia dos seus produtos. Eles fornecem evidências reais de satisfação do cliente e sucesso do produto, o que pode aumentar significativamente a confiança e a taxa de conversão.

COLETA DE TESTEMUNHOS

Recolher testemunhos autênticos e impactantes é o primeiro passo para utilizá-los em suas estratégias de marketing.

Solicitação de testemunhos

Peça testemunhos diretamente aos seus clientes satisfeitos.

- **Pós-compra**: Envie e-mails de agradecimento após uma compra, solicitando um testemunho sobre a experiência do cliente.
- **Follow-up**: Faça follow-ups após um período de uso do produto para colher impressões mais detalhadas.
- **Plataformas de avaliação**: Incentive os clientes a deixarem avaliações em plataformas de avaliação, como Trustpilot, Google Reviews ou em seu próprio site.

Perguntas orientadoras

Facilite o processo de fornecimento de testemunhos com perguntas orientadoras.

- **Experiência geral**: "Como foi sua experiência com

nosso produto?"
- **Benefícios**: "Quais benefícios você percebeu após usar nosso produto?"
- **Recomendações**: "Você recomendaria nosso produto a outras pessoas? Por quê?"
- **Resultados**: "Quais resultados você obteve ao utilizar nosso produto?"

Formatos de testemunhos

Recolha testemunhos em diversos formatos para maximizar seu impacto.

- **Escrito**: Testemunhos escritos são fáceis de coletar e usar em diversos materiais de marketing.
- **Vídeo**: Testemunhos em vídeo são mais pessoais e autênticos, criando um impacto maior.
- **Áudio**: Testemunhos em áudio podem ser utilizados em podcasts e outros conteúdos de áudio.

CRIAÇÃO DE ESTUDOS DE CASO

Estudos de caso detalhados mostram o impacto do seu produto em cenários reais, proporcionando uma narrativa convincente de sucesso.

Seleção de candidatos

Escolha candidatos para estudos de caso que representem diferentes segmentos do seu público-alvo.

- **Clientes satisfeitos**: Identifique clientes que tenham obtido excelentes resultados com seu produto.
- **Diversidade de uso**: Selecione casos que mostrem a versatilidade do seu produto em diferentes contextos.

Estrutura do estudo de caso

Estruture seus estudos de caso de maneira lógica e envolvente.

- **Introdução**: Apresente o cliente e o contexto do estudo de caso.
- **Desafio**: Descreva o problema ou desafio que o cliente enfrentava antes de usar seu produto.
- **Solução**: Explique como seu produto foi implementado para resolver o problema.
- **Resultados**: Detalhe os resultados obtidos, incluindo dados e métricas sempre que possível.
- **Depoimentos**: Inclua citações diretas do cliente sobre sua experiência e satisfação.

Recolhimento de dados e permissões

Coletar dados precisos e obter permissões é crucial para a credibilidade dos estudos de caso.

- **Dados quantitativos**: Colete métricas e dados específicos que demonstrem os resultados alcançados.
- **Dados qualitativos**: Inclua feedback e impressões detalhadas do cliente.
- **Permissões**: Obtenha permissão por escrito para usar as informações e citações fornecidas pelo cliente.

UTILIZAÇÃO DE TESTEMUNHOS E ESTUDOS DE CASO

Depois de coletar testemunhos e criar estudos de caso, é hora de utilizá-los estrategicamente em suas campanhas de marketing.

Em seu site

Destacar testemunhos e estudos de caso em seu site pode aumentar a credibilidade e a conversão.

- **Página de testemunhos**: Crie uma página dedicada a testemunhos de clientes.
- **Landing pages**: Inclua testemunhos relevantes nas landing pages para aumentar a conversão.
- **Estudos de caso detalhados**: Publique estudos de caso detalhados em uma seção específica do seu site.

Em e-mails de marketing

Use testemunhos e estudos de caso em suas campanhas de e-mail marketing para aumentar a confiança e o engajamento.

- **Sequências de boas-vindas**: Inclua testemunhos em e-mails de boas-vindas para novos assinantes.
- **Campanhas de promoção**: Use estudos de caso em e-mails que promovem produtos específicos.
- **Newsletters**: Destaque um estudo de caso ou testemunho em sua newsletter regular.

Em materiais de vendas

Incorpore testemunhos e estudos de caso em seus materiais de vendas para fornecer prova social aos potenciais clientes.

- **Apresentações**: Inclua testemunhos em apresentações de vendas e propostas.
- **Brochuras e PDFs**: Use estudos de caso em brochuras, whitepapers e outros materiais de vendas.
- **Anúncios e publicidade**: Inclua citações e resultados de estudos de caso em seus anúncios e campanhas publicitárias.

Em webinars e workshops

Compartilhe testemunhos e estudos de caso durante webinars e workshops para demonstrar a eficácia do seu produto.

- **Sessões ao vivo**: Apresente estudos de caso detalhados durante webinars ao vivo.
- **Slides e vídeos**: Use testemunhos em slides e vídeos durante workshops online.

Nas mídias sociais

Mesmo com uma presença discreta nas redes sociais, você pode aproveitar contas existentes para compartilhar provas sociais.

- **Postagens de blog**: Publique testemunhos e estudos de caso em postagens de blog e compartilhe esses posts em suas redes sociais.
- **Vídeos curtos**: Crie vídeos curtos com testemunhos em vídeo e compartilhe em plataformas como YouTube ou Vimeo.
- **Grupos e comunidades**: Compartilhe estudos de caso em grupos e comunidades online onde seu público-alvo está ativo.

MEDINDO O IMPACTO DOS TESTEMUNHOS E ESTUDOS DE CASO

Monitorar o impacto dos testemunhos e estudos de caso é essencial para entender sua eficácia e melhorar continuamente suas estratégias.

Métricas de desempenho

Acompanhe as principais métricas para avaliar o impacto das suas provas sociais.

- **Taxa de conversão**: Observe qualquer aumento nas taxas de conversão após a implementação de testemunhos e estudos de caso.
- **Engajamento do conteúdo**: Monitore o engajamento com postagens de blog, e-mails e páginas de estudos de caso.
- **Feedback do cliente**: Recolha feedback dos clientes sobre a utilidade e impacto dos testemunhos e estudos de caso.

Ferramentas de análise

Utilize ferramentas de análise para monitorar o desempenho das suas provas sociais.

- **Google Analytics**: Monitore o tráfego e o comportamento do usuário em páginas de

testemunhos e estudos de caso.
- **Plataformas de e-mail marketing**: Use ferramentas de análise de e-mail para avaliar o desempenho de campanhas que incluem testemunhos e estudos de caso.
- **Ferramentas de engajamento**: Utilize ferramentas como Hotjar ou Crazy Egg para entender como os usuários interagem com suas provas sociais.

MELHORES PRÁTICAS PARA TESTEMUNHOS E ESTUDOS DE CASO

Para maximizar a eficácia dos seus testemunhos e estudos de caso, siga estas melhores práticas:

- **Autenticidade**: Use testemunhos e estudos de caso autênticos e genuínos.
- **Diversidade**: Inclua uma variedade de testemunhos e estudos de caso que reflitam diferentes aspectos do seu público.
- **Atualização regular**: Mantenha seus testemunhos e estudos de caso atualizados com as experiências mais recentes dos clientes.
- **Visibilidade**: Destaque suas provas sociais em locais visíveis e estratégicos no seu site e materiais de marketing.

Usar testemunhos e estudos de caso é uma maneira poderosa de construir confiança e provar a eficácia dos seus produtos. Ao coletar, criar e utilizar essas provas sociais de maneira estratégica, você pode aumentar a credibilidade da sua marca, engajar seu público e impulsionar suas vendas. Implementando as técnicas e práticas discutidas neste capítulo, você estará bem preparado para aproveitar ao máximo os testemunhos e estudos de caso em suas estratégias de marketing.

No próximo capítulo, vamos explorar técnicas para gerar leads de forma eficaz sem depender das redes sociais.

GERAÇÃO DE LEADS FORA DAS REDES SOCIAIS

Gerar leads de maneira eficaz é fundamental para o crescimento e sucesso do seu negócio digital. Quando se opta por uma abordagem discreta e sem o uso intensivo das redes sociais, é essencial explorar métodos alternativos para atrair e converter potenciais clientes. Neste capítulo, vamos explorar técnicas e estratégias para gerar leads de forma eficaz, aproveitando diversas ferramentas e canais de marketing digital.

A IMPORTÂNCIA DA GERAÇÃO DE LEADS

A geração de leads é o processo de atrair e converter estranhos e prospects em pessoas que demonstraram interesse nos seus produtos ou serviços. Leads qualificados são potenciais clientes que podem ser nutridos ao longo do tempo até se tornarem compradores fiéis. Ter uma estratégia robusta de geração de leads permite que você:

1. **Expanda sua base de clientes**: Atrair novos clientes em potencial para o seu negócio.
2. **Melhore a eficiência de vendas**: Concentre seus esforços de vendas em leads qualificados.
3. **Aumente a receita**: Transformar leads em clientes aumenta sua base de receita.

TÉCNICAS DE GERAÇÃO DE LEADS

SEO e conteúdo otimizado

A otimização para motores de busca (SEO) é uma técnica eficaz para atrair leads qualificados através de conteúdo relevante.

- **Pesquisa de palavras-chave**: Utilize ferramentas como Google Keyword Planner, SEMrush e Ahrefs para identificar palavras-chave relevantes e de alta conversão.
- **Criação de conteúdo**: Escreva artigos de blog, whitepapers, e-books e guias que respondam às perguntas e resolvam os problemas do seu público-alvo.

- **Otimização on-page**: Otimize suas páginas de conteúdo com palavras-chave, meta descrições, links internos e externos.

E-mail marketing

O e-mail marketing continua sendo uma das formas mais eficazes de geração de leads.

- **Formulários de captura de leads**: Adicione formulários de captura de e-mail em seu site e blog.
- **Landing pages**: Crie landing pages dedicadas para ofertas especiais, como e-books, webinars e cursos gratuitos.
- **Campanhas de nutrição de leads**: Desenvolva sequências de e-mails automatizadas para nutrir leads e guiá-los pelo funil de vendas.

Webinars e workshops online

Webinars e workshops são ferramentas poderosas para atrair e engajar leads.

- **Temas relevantes**: Escolha temas que sejam relevantes e interessantes para seu público-alvo.
- **Landing pages de inscrição**: Crie landing pages de inscrição para capturar informações de contato dos participantes.
- **Interação ao vivo**: Utilize sessões de perguntas e respostas e enquetes ao vivo para engajar os participantes.

Marketing de conteúdo

Oferecer conteúdo valioso e informativo pode atrair leads qualificados.

- **E-books e whitepapers**: Ofereça downloads gratuitos de e-books e whitepapers em troca de informações de contato.

- **Infográficos**: Crie infográficos que forneçam informações valiosas e inclua CTAs para capturar leads.
- **Checklists e guias**: Disponibilize checklists e guias práticos que seu público-alvo achará úteis.

Parcerias e co-marketing

Colaborar com outras empresas pode ampliar seu alcance e atrair novos leads.

- **Webinars conjuntos**: Realize webinars em parceria com outras empresas que compartilhem um público-alvo semelhante.
- **Guest blogging**: Escreva posts de convidados em blogs relevantes para expandir seu alcance.
- **Promoções cruzadas**: Participe de promoções cruzadas para promover produtos ou serviços de parceiros em troca de exposição similar.

Publicidade paga

Investir em publicidade paga pode gerar leads rapidamente.

- **Google Ads**: Crie campanhas de pesquisa e display para direcionar tráfego qualificado para suas landing pages.
- **Anúncios nativos**: Utilize plataformas como Taboola e Outbrain para promover conteúdo nativo.
- **Publicidade em diretórios e sites de nicho**: Anuncie em diretórios e sites especializados que seu público-alvo frequenta.

Marketing de Afiliados

Programas de afiliados podem ampliar seu alcance e atrair novos leads.

- **Parcerias com afiliados**: Recrute afiliados para promover seus produtos ou serviços em troca de comissões.

- **Plataformas de afiliados**: Utilize plataformas como ShareASale e CJ Affiliate para gerenciar seu programa de afiliados.
- **Incentivos para afiliados**: Ofereça incentivos, como bônus e comissões atrativas, para motivar seus afiliados.

FERRAMENTAS DE GERAÇÃO DE LEADS

Para facilitar a geração de leads, utilize ferramentas que automatizam e otimizam o processo.

Ferramentas de e-mail marketing

- **Mailchimp**: Plataforma robusta para criação e automação de campanhas de e-mail marketing.
- **ConvertKit**: Ideal para criadores de conteúdo, com ferramentas de automação avançadas.
- **ActiveCampaign**: Combina e-mail marketing com CRM para uma gestão abrangente de leads.

Ferramentas de SEO

- **Google Keyword Planner**: Ferramenta gratuita para pesquisa de palavras-chave.
- **SEMrush**: Ferramenta completa para análise de SEO e pesquisa de palavras-chave.
- **Ahrefs**: Ideal para análise de backlinks e SEO competitivo.

Ferramentas de webinars

- **Zoom**: Plataforma popular para webinars e reuniões online.
- **Webex**: Oferece ferramentas robustas para webinars e conferências.
- **GoToWebinar**: Focado em webinars com recursos avançados de interação e análise.

Ferramentas de automação de marketing

- **HubSpot**: Plataforma completa de CRM e automação de marketing.
- **Marketo**: Ferramenta avançada de automação de marketing para empresas maiores.
- **Pardot**: Solução de automação de marketing da Salesforce.

ESTRATÉGIAS DE NUTRIÇÃO DE LEADS

Depois de gerar leads, é crucial nutri-los para convertê-los em clientes.

Segmentação de leads

Divida seus leads em segmentos com base em seus interesses, comportamento e estágio no funil de vendas.

- **Comportamento no site**: Segmente leads com base nas páginas visitadas e ações realizadas no seu site.
- **Interesses**: Use informações fornecidas pelos leads para segmentá-los por interesses específicos.
- **Estágio no funil**: Categorize leads como frio, morno ou quente, dependendo de sua prontidão para a compra.

Campanhas de nutrição automatizadas

Desenvolva campanhas de e-mail automatizadas para nutrir leads de forma eficaz.

- **Sequências de boas-vindas**: Envie uma série de e-mails de boas-vindas para novos leads, introduzindo sua marca e produtos.
- **Conteúdo educativo**: Forneça conteúdo educativo que ajude os leads a entender melhor seu produto e como ele resolve seus problemas.
- **Ofertas e promoções**: Envie ofertas e promoções exclusivas para incentivar a conversão.

Personalização e relevância

Personalize suas comunicações para tornar suas campanhas de nutrição mais eficazes.

- **Nomes e informações pessoais**: Utilize nomes e informações pessoais para tornar os e-mails mais pessoais e relevantes.
- **Recomendações de produtos**: Envie recomendações de produtos baseadas no comportamento e interesses dos leads.
- **Conteúdo dinâmico**: Use conteúdo dinâmico em seus e-mails para adaptar a mensagem às preferências dos leads.

Análise e otimização contínua

Monitore o desempenho das suas campanhas de nutrição e faça ajustes para melhorar os resultados.

- **Taxas de abertura e cliques**: Monitore as taxas de abertura e cliques para avaliar o engajamento dos leads.
- **Taxa de conversão**: Acompanhe a taxa de conversão para medir a eficácia das suas campanhas.
- **Feedback do cliente**: Recolha feedback dos leads para entender o que está funcionando e onde você pode melhorar.

MEDINDO O SUCESSO DA GERAÇÃO DE LEADS

Acompanhar e analisar o desempenho das suas estratégias de geração de leads é essencial para entender sua eficácia e otimizar continuamente suas campanhas.

Principais métricas de desempenho

Acompanhe as métricas-chave para avaliar o sucesso da geração de leads.

- **Número de leads gerados**: Total de leads capturados

em um determinado período.
- **Taxa de conversão de leads**: Percentual de leads que se transformam em clientes pagantes.
- **Custo por lead**: Custo médio para gerar um lead.
- **Qualidade dos leads**: Avalie a qualidade dos leads com base na prontidão para a compra e o engajamento.

Ferramentas de análise

Utilize ferramentas de análise para monitorar o desempenho das suas campanhas de geração de leads.

- **Google Analytics**: Monitore o tráfego e o comportamento dos visitantes no seu site.
- **Plataformas de e-mail marketing**: Use as ferramentas de análise integradas nas plataformas de e-mail marketing para avaliar o desempenho das campanhas.
- **CRM**: Utilize um sistema de CRM para rastrear e gerenciar leads ao longo do funil de vendas.

MELHORES PRÁTICAS PARA GERAÇÃO DE LEADS

Para maximizar a eficácia das suas estratégias de geração de leads, siga estas melhores práticas:

- **Consistência**: Mantenha um fluxo constante de novas campanhas e iniciativas de geração de leads.
- **Qualidade sobre quantidade**: Priorize a geração de leads qualificados, em vez de apenas buscar volume.
- **Personalização**: Personalize suas campanhas de geração e nutrição de leads para torná-las mais relevantes e eficazes.
- **Acompanhamento regular**: Monitore e ajuste continuamente suas estratégias com base nos dados e feedback coletados.

Gerar leads de forma eficaz sem depender das redes sociais é totalmente possível com as estratégias e ferramentas certas. Ao implementar as técnicas discutidas neste capítulo, você estará bem preparado para atrair, nutrir e converter leads qualificados, impulsionando o crescimento do seu negócio digital.

No próximo capítulo, vamos explorar como manter uma boa reputação online através de revisões, feedbacks e suporte ao cliente.

GERENCIAMENTO DE REPUTAÇÃO ONLINE

Manter uma boa reputação online é fundamental para o sucesso do seu negócio digital, especialmente quando você opta por uma abordagem discreta e sem uma presença ativa nas redes sociais. Neste capítulo, vamos explorar como gerenciar sua reputação online de maneira eficaz, utilizando revisões, feedbacks e suporte ao cliente para construir confiança e credibilidade.

A IMPORTÂNCIA DA REPUTAÇÃO ONLINE

A reputação online influencia diretamente a percepção do público sobre sua marca e pode afetar significativamente suas vendas e crescimento. Uma reputação positiva pode:

1. **Aumentar a confiança do cliente**: Clientes confiam mais em marcas com boa reputação e avaliações positivas.
2. **Melhorar a conversão**: Avaliações e testemunhos positivos podem aumentar as taxas de conversão.
3. **Diferenciar-se da concorrência**: Uma reputação sólida pode diferenciar sua marca da concorrência.

MONITORAMENTO DA REPUTAÇÃO ONLINE

O primeiro passo para gerenciar sua reputação online é monitorá-la continuamente.

Ferramentas de monitoramento

Utilize ferramentas para monitorar o que está sendo dito sobre sua marca online.

- **Google Alerts**: Configure alertas para receber notificações sempre que sua marca for mencionada online.
- **Mention**: Plataforma que monitora menções de sua marca em blogs, sites de notícias e redes sociais.
- **Reputation.com**: Ferramenta completa para monitoramento e gerenciamento de reputação online.
- **Hootsuite**: Utiliza para monitorar menções em

diversas plataformas de redes sociais.

Análise de sentimento

Acompanhe o sentimento geral das menções à sua marca para entender como o público a percebe.

- **Positivo**: Identifique e celebre feedbacks positivos e utilize-os em suas estratégias de marketing.
- **Negativo**: Encontre e resolva problemas mencionados negativamente.
- **Neutro**: Avalie o feedback neutro para identificar oportunidades de melhoria.

COLETA DE REVISÕES E FEEDBACKS

Revisões e feedbacks são essenciais para entender a percepção dos clientes e melhorar continuamente seus produtos e serviços.

Solicitação de revisões

Peça revisões diretamente aos seus clientes satisfeitos.

- **E-mails pós-compra**: Envie e-mails após a compra solicitando uma revisão ou feedback.
- **Formulários de feedback**: Inclua formulários de feedback em seu site para facilitar a coleta de opiniões dos clientes.
- **Plataformas de avaliação**: Incentive os clientes a deixarem avaliações em plataformas como Trustpilot, Google Reviews e Yelp.

Perguntas de feedback

Facilite o processo de fornecimento de feedback com perguntas específicas.

- **Satisfação geral**: "Quão satisfeito você está com nosso produto/serviço?"
- **Experiência do cliente**: "Como foi sua experiência de

compra conosco?"
- **Melhorias**: "O que podemos melhorar em nossos produtos/serviços?"
- **Recomendações**: "Você recomendaria nosso produto/serviço a outras pessoas? Por quê?"

Incentivos para feedback

Ofereça incentivos para encorajar os clientes a deixarem feedback.

- **Descontos**: Ofereça descontos em compras futuras como agradecimento pelo feedback.
- **Brindes**: Envie brindes ou produtos gratuitos como forma de incentivo.
- **Concursos**: Realize concursos onde os participantes que deixarem feedback concorram a prêmios.

GESTÃO DE AVALIAÇÕES NEGATIVAS

Gerenciar avaliações negativas de maneira eficaz é crucial para manter uma boa reputação online.

Resposta rápida e profissional

Responda rapidamente e de forma profissional a todas as avaliações negativas.

- **Agradecimento**: Agradeça ao cliente pelo feedback, independentemente da natureza do comentário.
- **Empatia**: Mostre empatia e compreensão pelo problema enfrentado.
- **Solução**: Ofereça uma solução ou explique as medidas que estão sendo tomadas para resolver o problema.

Melhoria contínua

Use o feedback negativo como uma oportunidade para melhorar seus produtos e serviços.

- **Identificação de problemas comuns**: Analise as avaliações negativas para identificar problemas recorrentes.
- **Implementação de soluções**: Implemente melhorias baseadas no feedback para evitar problemas futuros.
- **Comunicação das melhorias**: Informe aos clientes as melhorias realizadas com base no feedback deles.

Solicitação de revisão atualizada

Após resolver o problema do cliente, solicite gentilmente uma atualização da revisão.

- **E-mail de follow-up**: Envie um e-mail de follow-up pedindo ao cliente para atualizar sua avaliação com base na solução oferecida.
- **Agradecimento pela paciência**: Agradeça ao cliente pela paciência e compreensão durante o processo de resolução.

SUPORTE AO CLIENTE DE QUALIDADE

Um suporte ao cliente de qualidade é fundamental para manter uma boa reputação online.

Canais de suporte

Ofereça múltiplos canais de suporte para facilitar o contato dos clientes.

- **E-mail**: Forneça suporte por e-mail com tempos de resposta rápidos.
- **Telefone**: Ofereça suporte telefônico para resolver problemas de forma imediata.
- **Chat ao Vivo**: Utilize chat ao vivo em seu site para suporte em tempo real.
- **FAQs**: Crie uma seção de perguntas frequentes (FAQs) em seu site para ajudar os clientes a encontrar respostas rapidamente.

Treinamento da equipe de suporte

Treine sua equipe de suporte para oferecer um atendimento excelente.

- **Conhecimento do produto**: Garanta que sua equipe conheça bem seus produtos e serviços.
- **Habilidades de comunicação**: Treine a equipe para comunicar-se de maneira clara, profissional e empática.
- **Resolução de problemas**: Ensine técnicas eficazes de resolução de problemas para atender melhor os clientes.

Processos de feedback do cliente

Estabeleça processos para coletar e analisar feedback do cliente continuamente.

- **Pesquisas de satisfação**: Envie pesquisas de satisfação após interações de suporte.
- **Análise de feedback**: Analise o feedback para identificar áreas de melhoria no atendimento.
- **Ações corretivas**: Implemente ações corretivas com base no feedback para melhorar continuamente o suporte ao cliente.

UTILIZAÇÃO DE FEEDBACK POSITIVO

Aproveite o feedback positivo para fortalecer sua reputação online.

Testemunhos e avaliações

Use testemunhos e avaliações positivas em suas campanhas de marketing.

- **Página de testemunhos**: Crie uma página dedicada a testemunhos de clientes em seu site.

- **Landing pages**: Inclua avaliações positivas em suas landing pages para aumentar a conversão.
- **Materiais de marketing**: Utilize testemunhos em brochuras, e-mails e anúncios.

Estudos de caso

Crie estudos de caso detalhados com base em feedback positivo.

- **Narrativa de sucesso**: Conte a história de sucesso do cliente de maneira envolvente.
- **Resultados concretos**: Destaque os resultados concretos alcançados pelo cliente.
- **Citações diretas**: Inclua citações diretas do cliente para adicionar autenticidade.

Promoção de feedback

Compartilhe feedback positivo em várias plataformas para maximizar sua visibilidade.

- **Redes sociais**: Compartilhe avaliações e testemunhos em suas redes sociais.
- **E-mails de marketing**: Inclua feedback positivo em suas campanhas de e-mail marketing.
- **Blog do site**: Publique postagens de blog destacando histórias de sucesso dos clientes.

MEDINDO O IMPACTO DA REPUTAÇÃO ONLINE

Monitorar o impacto das suas ações de gerenciamento de reputação é crucial para entender sua eficácia e ajustar suas estratégias conforme necessário.

Principais métricas de desempenho

Acompanhe as principais métricas para avaliar o impacto da sua reputação online.

- **Classificação média**: Monitore a classificação média

das suas avaliações em diversas plataformas.
- **Número de avaliações**: Acompanhe o número total de avaliações recebidas.
- **Taxa de resposta**: Monitore a taxa de resposta às avaliações e feedbacks.
- **Sentimento geral**: Analise o sentimento geral das menções à sua marca.

Ferramentas de análise

Utilize ferramentas de análise para monitorar o desempenho da sua reputação online.

- **Google Analytics**: Monitore o tráfego e o comportamento dos visitantes em páginas de testemunhos e estudos de caso.
- **Mention**: Ferramenta para monitoramento de menções e análise de sentimento.
- **Reputation.com**: Plataforma completa para monitoramento e gerenciamento de reputação online.

MELHORES PRÁTICAS PARA GERENCIAMENTO DE REPUTAÇÃO ONLINE

Para maximizar a eficácia das suas estratégias de gerenciamento de reputação online, siga estas melhores práticas:

- **Proatividade**: Seja proativo no monitoramento e resposta a avaliações e feedbacks.
- **Transparência**: Seja transparente e honesto em suas comunicações com os clientes.
- **Consistência**: Mantenha uma abordagem consistente na coleta e resposta a feedbacks.
- **Aprimoramento contínuo**: Use o feedback para melhorar continuamente seus produtos, serviços e atendimento ao cliente.

Manter uma boa reputação online é essencial para o sucesso do seu negócio digital. Ao implementar as técnicas e práticas discutidas neste capítulo, você estará bem preparado para gerenciar sua reputação de forma eficaz, construir confiança com seus clientes e impulsionar suas vendas.

No próximo capítulo, vamos explorar como utilizar ferramentas de automação para simplificar suas campanhas de marketing e vendas.

AUTOMATIZAÇÃO DE MARKETING

Automatizar suas campanhas de marketing pode aumentar significativamente a eficiência e a eficácia dos seus esforços, permitindo que você alcance e engaje seu público de maneira mais personalizada e escalável. Neste capítulo, exploraremos como utilizar ferramentas de automatização para simplificar suas campanhas de marketing e vendas, otimizando processos e maximizando resultados sem depender das redes sociais.

A IMPORTÂNCIA DA AUTOMAÇÃO DE MARKETING

A automação de marketing oferece vários benefícios que podem transformar a forma como você conduz suas campanhas:

1. **Eficiência**: Automatiza tarefas repetitivas, liberando tempo para atividades estratégicas.
2. **Personalização**: Permite enviar mensagens personalizadas em larga escala.
3. **Consistência**: Garante que sua comunicação com os clientes seja consistente e oportuna.
4. **Análise e otimização**: Fornece dados e insights para melhorar continuamente suas campanhas.

PRINCIPAIS FERRAMENTAS DE AUTOMAÇÃO DE MARKETING

Existem várias ferramentas de automação de marketing que podem ajudá-lo a gerenciar e otimizar suas campanhas.

Plataformas de e-mail marketing

Automatize suas campanhas de e-mail marketing para nutrir leads e engajar clientes.

- **Mailchimp**: Plataforma robusta que oferece automação de e-mails, segmentação avançada e análises detalhadas.
- **ConvertKit**: Ideal para criadores de conteúdo, com funcionalidades avançadas de automação e segmentação.

- **ActiveCampaign:** Combina automação de e-mail com CRM para uma gestão abrangente de leads e clientes.

Ferramentas de CRM e automação

Gerencie relacionamentos com clientes e automatize processos de marketing e vendas.

- **HubSpot:** Plataforma completa de CRM e automação de marketing, oferecendo ferramentas para e-mail marketing, gestão de leads e análise.
- **Salesforce Pardot:** Ferramenta avançada de automação de marketing focada em B2B, com integração profunda com o Salesforce CRM.
- **Marketo:** Solução de automação de marketing para empresas de todos os tamanhos, com foco em geração e nutrição de leads.

Ferramentas de automação de mídia

Automatize a criação e distribuição de conteúdo para maximizar seu alcance.

- **Hootsuite:** Plataforma de gestão de mídias sociais que permite agendar e automatizar postagens, monitorar engajamento e analisar desempenho.
- **Buffer:** Ferramenta de agendamento de postagens que ajuda a planejar e publicar conteúdo em várias plataformas de mídia social.
- **CoSchedule:** Ferramenta de automação de marketing de conteúdo que facilita o planejamento, criação e publicação de conteúdo.

Ferramentas de automação de anúncios

Automatize campanhas de publicidade paga para otimizar o retorno sobre investimento.

- **Google Ads:** Utilize automação para ajustar lances, segmentar públicos e otimizar campanhas automaticamente.

- **AdEspresso**: Ferramenta que simplifica a criação, gestão e otimização de campanhas de anúncios no Facebook, Instagram e Google Ads.
- **WordStream**: Plataforma de gestão de anúncios que ajuda a otimizar campanhas no Google Ads, Bing e Facebook Ads.

IMPLEMENTAÇÃO DA AUTOMAÇÃO DE MARKETING

Para implementar a automação de marketing de maneira eficaz, siga estas etapas:

Definição de objetivos

Estabeleça objetivos claros para suas campanhas de automação.

- **Geração de leads**: Capturar novos leads qualificados.
- **Nutrição de leads**: Engajar e educar leads ao longo do funil de vendas.
- **Aumento de vendas**: Converter leads em clientes pagantes.
- **Retenção de clientes**: Fidelizar clientes existentes e incentivar compras repetidas.

Segmentação de público

Divida seu público em segmentos específicos para personalizar suas campanhas.

- **Demografia**: Segmentação por idade, gênero, localização, etc.
- **Comportamento**: Segmentação baseada em interações anteriores com seu site, e-mails ou produtos.
- **Interesses**: Segmentação com base em interesses declarados ou inferidos.

CRIAÇÃO DE FLUXOS DE TRABALHO AUTOMATIZADOS

Desenvolva fluxos de trabalho automatizados para diferentes

estágios do funil de marketing.

- **Sequências de boas-vindas**: Envie uma série de e-mails de boas-vindas para novos leads.
- **Campanhas de nutrição**: Desenvolva campanhas que educam e engajam leads ao longo do funil de vendas.
- **Recuperação de carrinho abandonado**: Envie e-mails automáticos para leads que abandonaram o carrinho de compras, incentivando a finalização da compra.
- **Reengajamento**: Crie campanhas para reengajar leads inativos e incentivá-los a voltar ao seu site ou loja.

Personalização de mensagens

Utilize dados coletados para personalizar suas mensagens e aumentar a relevância.

- **Nome e informações pessoais**: Inclua o nome do destinatário e outras informações pessoais nos e-mails.
- **Recomendações de produtos**: Envie recomendações de produtos baseadas no histórico de compras ou navegação.
- **Conteúdo dinâmico**: Use conteúdo dinâmico em seus e-mails e páginas de destino para adaptar a mensagem às preferências do usuário.

Monitoramento e análise

Monitore o desempenho das suas campanhas de automação e faça ajustes conforme necessário.

- **Taxas de abertura e cliques**: Acompanhe as taxas de abertura e cliques dos e-mails para avaliar o engajamento.
- **Taxas de conversão**: Monitore as taxas de conversão para medir a eficácia das suas campanhas.
- **ROI**: Calcule o retorno sobre investimento para avaliar o impacto financeiro das suas campanhas de

automação.

EXEMPLOS DE CAMPANHAS AUTOMATIZADAS

Aqui estão alguns exemplos de campanhas automatizadas que podem ser implementadas para melhorar suas estratégias de marketing e vendas:

Campanhas de boas-vindas

Envie uma série de e-mails de boas-vindas para novos assinantes, apresentando sua marca e produtos.

- **Primeiro e-mail**: Agradeça pela inscrição e apresente sua marca.
- **Segundo e-mail**: Destaque seus produtos ou serviços principais.
- **Terceiro e-mail**: Ofereça um desconto ou promoção exclusiva para novos assinantes.

Campanhas de nutrição de leads

Desenvolva uma sequência de e-mails para educar e engajar leads ao longo do funil de vendas.

- **E-mail inicial**: Envie conteúdo educativo relevante ao interesse do lead.
- **E-mail seguinte**: Compartilhe estudos de caso ou testemunhos de clientes.
- **E-mail de conversão**: Ofereça uma promoção ou incentivo para converter o lead em cliente.

Campanhas de recuperação de carrinho abandonado

Envie e-mails automáticos para leads que abandonaram o carrinho de compras.

- **Primeiro e-mail**: Lembre o cliente do item deixado no carrinho.
- **Segundo e-mail**: Ofereça um desconto ou incentivo

para completar a compra.
- **Terceiro e-mail**: Crie um senso de urgência com uma mensagem de última chance.

Campanhas de reengajamento

Crie campanhas para reengajar leads inativos e trazê-los de volta ao seu funil de vendas.

- **E-mail inicial**: Envie uma mensagem amistosa perguntando se o lead ainda está interessado.
- **E-mail seguinte**: Ofereça conteúdo relevante ou um incentivo para reengajar o lead.
- **E-mail final**: Envie uma oferta exclusiva ou um convite para um evento especial.

MELHORES PRÁTICAS PARA AUTOMAÇÃO DE MARKETING

Para maximizar a eficácia das suas campanhas de automação de marketing, siga estas melhores práticas:

- **Planejamento cuidadoso**: Planeje suas campanhas de automação com antecedência, definindo objetivos claros e fluxos de trabalho detalhados.
- **Segmentação precisa**: Segmente seu público com precisão para garantir que suas mensagens sejam relevantes e personalizadas.
- **Testes contínuos**: Realize testes A/B para identificar as variações mais eficazes de suas campanhas.
- **Acompanhamento regular**: Monitore continuamente o desempenho das suas campanhas e faça ajustes conforme necessário.
- **Personalização**: Personalize suas mensagens sempre que possível para aumentar o engajamento e a conversão.

Automatizar suas campanhas de marketing pode transformar a eficiência e eficácia dos seus esforços, permitindo que você alcance e engaje seu público de maneira mais personalizada e escalável. Ao implementar as técnicas e práticas discutidas neste capítulo, você estará bem preparado para simplificar suas campanhas de marketing e vendas, otimizando processos e maximizando resultados.

No próximo capítulo, vamos explorar como adaptar seus produtos digitais para mercados internacionais sem depender das redes sociais.

VENDAS INTERNACIONAIS E LOCALIZAÇÃO

Expandir seus produtos digitais para mercados internacionais pode abrir novas oportunidades de crescimento e aumentar significativamente suas vendas. No entanto, vender para mercados internacionais requer uma adaptação cuidadosa dos seus produtos e estratégias de marketing para atender às necessidades e preferências locais. Neste capítulo, exploraremos como adaptar seus produtos digitais para mercados internacionais, sem depender das redes sociais, utilizando práticas de localização e estratégias eficazes de vendas globais.

A IMPORTÂNCIA DA LOCALIZAÇÃO

A localização vai além da simples tradução. Envolve adaptar o conteúdo e os produtos para se alinhar culturalmente, linguisticamente e legalmente com os mercados locais. Uma localização eficaz pode:

1. **Aumentar a relevância**: Torna seus produtos mais relevantes e atraentes para os consumidores locais.
2. **Melhorar a experiência do usuário**: Oferece uma experiência de usuário fluida e intuitiva, respeitando as preferências e expectativas locais.
3. **Aumentar as taxas de conversão**: Produtos bem localizados tendem a converter melhor, pois ressoam mais com o público-alvo.

PESQUISA DE MERCADO INTERNACIONAL

Antes de expandir para novos mercados, é essencial realizar uma pesquisa de mercado detalhada.

Identificação de mercados alvo

Escolha mercados que ofereçam o maior potencial de crescimento para seus produtos digitais.

- **Demanda do mercado**: Avalie a demanda pelos seus produtos em diferentes mercados.
- **Concorrência**: Analise a concorrência em cada

mercado potencial.

- **Ambiente regulatório:** Compreenda as regulamentações e requisitos legais de cada mercado.

Análise cultural e linguística

Entenda as diferenças culturais e linguísticas que podem impactar a aceitação do seu produto.

- **Preferências culturais:** Adapte seu produto para alinhar-se às preferências culturais locais.
- **Diferenças linguísticas:** Certifique-se de que a tradução não apenas converte palavras, mas também mantém o significado e o tom correto.

Avaliação econômica

Considere os fatores econômicos que podem afetar suas vendas em mercados internacionais.

- **Poder de compra:** Avalie o poder de compra do público-alvo em diferentes mercados.
- **Taxas de câmbio:** Considere o impacto das taxas de câmbio nas suas margens de lucro.
- **Custo de entrada:** Estime os custos de entrada e operação em cada mercado.

ADAPTAÇÃO DE PRODUTOS PARA MERCADOS INTERNACIONAIS

Adapte seus produtos digitais para atender às necessidades e preferências dos consumidores locais.

Tradução e localização

Realize traduções precisas e localize seu conteúdo para garantir que ele ressoe com o público local.

- **Serviços de tradução profissional:** Utilize serviços de tradução profissional para garantir a precisão e a qualidade.

- **Revisão e ajuste**: Realize revisões e ajustes culturais para garantir que o conteúdo seja adequado para o mercado local.

Ajustes de design e usabilidade

Adapte o design e a usabilidade do seu produto para atender às expectativas locais.

- **Formatos de data e hora**: Ajuste os formatos de data e hora para corresponder às convenções locais.
- **Cores e estética**: Adapte a paleta de cores e a estética do design para alinhar-se às preferências locais.
- **Layout e navegação**: Garanta que o layout e a navegação do produto sejam intuitivos para os usuários locais.

Adaptação de preços

Defina uma estratégia de preços que leve em consideração o poder de compra e as expectativas dos consumidores locais.

- **Pesquisa de preços locais**: Pesquise os preços dos produtos concorrentes no mercado local.
- **Modelos de preços flexíveis**: Considere modelos de preços flexíveis, como assinaturas, pacotes e preços diferenciados para diferentes regiões.

Cumprimento legal e regulatórios

Garanta que seus produtos e operações estejam em conformidade com as leis e regulamentações locais.

- **Regulamentações de privacidade**: Adapte suas políticas de privacidade para cumprir as regulamentações locais, como o GDPR na Europa.
- **Requisitos de conteúdo**: Certifique-se de que seu conteúdo esteja em conformidade com as leis locais de conteúdo e direitos autorais.

- **Termos e condições**: Ajuste seus termos e condições para refletir as normas legais e comerciais de cada mercado.

ESTRATÉGIAS DE MARKETING INTERNACIONAL

Implemente estratégias de marketing adaptadas para promover seus produtos em mercados internacionais.

SEO internacional

Otimize seu site e conteúdo para motores de busca em diferentes idiomas e regiões.

- **Palavras-chave locais**: Realize pesquisas de palavras-chave específicas para cada mercado.
- **Domínios e URLs**: Utilize domínios locais ou subdiretórios para cada mercado (ex.: example.com/fr para a França).
- **Meta descrições e títulos**: Traduza e localize meta descrições e títulos para melhorar a visibilidade nos motores de busca locais.

Marketing de conteúdo

Crie e distribua conteúdo relevante e localizado para atrair e engajar o público local.

- **Blogging**: Escreva artigos de blog que abordem tópicos de interesse para o público local.
- **E-books e whitepapers**: Ofereça e-books e whitepapers em idiomas locais.
- **Vídeos e webinars**: Produza vídeos e webinars que abordem as necessidades e interesses específicos de cada mercado.

Publicidade paga

Utilize publicidade paga para alcançar seu público-alvo em mercados internacionais.

- **Google Ads**: Crie campanhas de anúncios específicas para cada mercado, utilizando palavras-chave locais.
- **Anúncios Display**: Utilize a Rede de Display do Google para segmentar públicos locais com anúncios visuais.
- **Publicidade nativa**: Utilize plataformas de publicidade nativa para promover conteúdo em sites locais.

Parcerias Locais

Forme parcerias com empresas locais para aumentar sua visibilidade e credibilidade.

- **Co-marketing**: Colabore em campanhas de co-marketing com empresas locais que compartilhem um público-alvo semelhante.
- **Distribuição**: Utilize redes de distribuição locais para alcançar mais consumidores.
- **Influenciadores locais**: Trabalhe com influenciadores locais para promover seus produtos de maneira autêntica.

E-mail marketing

Personalize suas campanhas de e-mail marketing para diferentes mercados internacionais.

- **Segmentação de lista**: Segmente sua lista de e-mails com base na localização geográfica e preferências linguísticas.
- **Conteúdo localizado**: Crie conteúdo de e-mail que seja relevante e culturalmente apropriado para cada mercado.
- **Ofertas e promoções**: Envie ofertas e promoções específicas para diferentes regiões, levando em conta feriados locais e eventos sazonais.

ATENDIMENTO AO CLIENTE INTERNACIONAL

Ofereça suporte ao cliente de alta qualidade em mercados

internacionais para construir confiança e fidelidade.

Suporte multilíngue

Garanta que seu suporte ao cliente esteja disponível em vários idiomas.

- **Chat ao vivo**: Ofereça chat ao vivo em vários idiomas para suporte em tempo real.
- **E-mail e telefone**: Disponibilize suporte por e-mail e telefone em idiomas locais.
- **Base de conhecimento**: Crie uma base de conhecimento com artigos de suporte traduzidos e localizados.

Treinamento da equipe de suporte

Treine sua equipe de suporte para entender as necessidades e expectativas dos clientes internacionais.

- **Sensibilidade cultural**: Ensine a equipe a ser sensível às diferenças culturais e a adaptar sua abordagem conforme necessário.
- **Conhecimento do produto**: Garanta que a equipe conheça bem os produtos e serviços oferecidos em cada mercado.
- **Resolução de problemas**: Treine a equipe em técnicas eficazes de resolução de problemas para atender melhor os clientes internacionais.

Feedback do cliente

Colete feedback dos clientes internacionais para identificar áreas de melhoria e adaptar suas estratégias.

- **Pesquisas de satisfação**: Envie pesquisas de satisfação após interações de suporte e compras.
- **Análise de feedback**: Analise o feedback para identificar tendências e áreas de melhoria específicas para cada mercado.

- **Implementação de melhorias**: Utilize o feedback para implementar melhorias contínuas nos produtos e no atendimento ao cliente.

MEDINDO O SUCESSO DAS VENDAS INTERNACIONAIS

Monitorar e analisar o desempenho das suas estratégias de vendas internacionais é crucial para entender sua eficácia e ajustar suas abordagens conforme necessário.

Principais métricas de desempenho

Acompanhe as principais métricas para avaliar o sucesso das suas vendas internacionais.

- **Vendas por região**: Monitore as vendas geradas em cada mercado internacional.
- **Taxa de conversão**: Acompanhe a taxa de conversão de visitantes em clientes em diferentes mercados.
- **Custo de Aquisição de Cliente (CAC)**: Calcule o CAC para cada mercado para avaliar a eficiência das suas estratégias de marketing.
- **Valor Médio do Pedido (AOV)**: Monitore o AOV em cada mercado para entender o comportamento de compra dos consumidores locais.

Ferramentas de análise

Utilize ferramentas de análise para monitorar o desempenho das suas campanhas e vendas internacionais.

- **Google Analytics**: Monitore o tráfego, o comportamento dos visitantes e as conversões em diferentes mercados.
- **Plataformas de e-commerce**: Utilize as ferramentas de análise integradas das suas plataformas de e-commerce para acompanhar vendas e desempenho.
- **Ferramentas de CRM**: Utilize ferramentas de CRM para gerenciar e analisar interações com clientes

internacionais.

MELHORES PRÁTICAS PARA VENDAS INTERNACIONAIS

Para maximizar a eficácia das suas estratégias de vendas internacionais, siga estas melhores práticas:

- **Pesquisa e planejamento**: Realize pesquisas detalhadas e planeje suas estratégias com base nos insights coletados.
- **Localização cuidadosa**: Garanta que seus produtos e conteúdo sejam cuidadosamente localizados para cada mercado.
- **Monitoramento contínuo**: Monitore continuamente o desempenho e ajuste suas estratégias conforme necessário.
- **Foco no cliente**: Mantenha o foco nas necessidades e preferências dos clientes internacionais para oferecer uma experiência excelente.

Expandir seus produtos digitais para mercados internacionais pode abrir novas oportunidades de crescimento e aumentar significativamente suas vendas. Ao implementar as técnicas e práticas discutidas neste capítulo, você estará bem preparado para adaptar seus produtos e estratégias de marketing para atender às necessidades e preferências dos consumidores internacionais, impulsionando suas vendas globais.

No próximo capítulo, vamos explorar como garantir a segurança e a privacidade nas vendas online, protegendo tanto seus clientes quanto os dados da sua empresa.

SEGURANÇA E PRIVACIDADE NAS VENDAS ONLINE

Garantir a segurança e a privacidade nas vendas online é essencial para proteger seus clientes e a integridade dos dados da sua empresa. Em um mundo onde as ameaças cibernéticas são cada vez mais comuns, adotar práticas robustas de segurança e privacidade não só protege sua operação, mas também constrói confiança com seus clientes. Neste capítulo, exploraremos como implementar medidas eficazes para garantir a segurança e a privacidade nas vendas online.

A IMPORTÂNCIA DA SEGURANÇA E PRIVACIDADE

A segurança e privacidade nas vendas online são cruciais por vários motivos:

1. **Proteção de dados pessoais**: Proteger os dados pessoais dos seus clientes é uma responsabilidade legal e ética.
2. **Confiança do cliente**: Clientes confiam mais em empresas que demonstram um compromisso sério com a segurança e privacidade.
3. **Conformidade legal**: Cumprir as regulamentações de proteção de dados evita penalidades e sanções legais.
4. **Prevenção de fraudes**: Implementar medidas de segurança robustas ajuda a prevenir fraudes e ataques cibernéticos.

PRÁTICAS DE SEGURANÇA PARA VENDAS ONLINE

Criptografia de dados

Utilize criptografia para proteger os dados dos seus clientes durante a transmissão e armazenamento.

- **SSL/TLS**: Implemente certificados SSL/TLS no seu site para garantir que todas as comunicações sejam criptografadas.
- **Criptografia de dados em repouso**: Utilize criptografia para dados armazenados em servidores, garantindo que estejam protegidos mesmo que os servidores

sejam comprometidos.

Autenticação e controle de acesso

Implemente medidas de autenticação e controle de acesso para proteger seu sistema contra acessos não autorizados.

- **Autenticação de dois fatores (2FA):** Exija 2FA para acessos administrativos e áreas sensíveis do sistema.
- **Gerenciamento de senhas:** Utilize políticas de senha forte e ferramentas de gerenciamento de senhas para proteger contas de usuário.
- **Controle de acesso baseado em funções (RBAC):** Restrinja o acesso a informações sensíveis com base nas funções e responsabilidades dos usuários.

Atualizações e patches de software

Mantenha todos os softwares e sistemas atualizados para proteger contra vulnerabilidades conhecidas.

- **Atualizações regulares:** Realize atualizações regulares de sistemas operacionais, softwares de e-commerce e plugins.
- **Aplicação de patches:** Aplique patches de segurança imediatamente após seu lançamento para corrigir vulnerabilidades.

Firewalls e sistemas de detecção de intrusão

Utilize firewalls e sistemas de detecção de intrusão (IDS) para monitorar e proteger sua rede contra ameaças.

- **Firewalls de aplicação Web (WAF):** Implemente WAFs para proteger seu site contra ataques comuns, como injeção SQL e cross-site scripting (XSS).
- **IDS/IPS:** Utilize sistemas de detecção e prevenção de intrusão para monitorar e responder a atividades suspeitas na rede.

Backup e recuperação de dados

Realize backups regulares e tenha um plano de recuperação de dados para garantir a continuidade dos negócios em caso de incidentes de segurança.

- **Backups regulares**: Configure backups automáticos de dados críticos em intervalos regulares.
- **Planos de recuperação**: Desenvolva e teste planos de recuperação de desastres para restaurar operações rapidamente após um incidente.

PRÁTICAS DE PRIVACIDADE PARA VENDAS ONLINE

Políticas de privacidade

Desenvolva e publique políticas de privacidade claras que informem os clientes sobre como seus dados são coletados, usados e protegidos.

- **Transparência**: Seja transparente sobre os dados que você coleta e como eles são usados.
- **Consentimento**: Obtenha consentimento explícito dos clientes antes de coletar ou processar seus dados pessoais.
- **Atualizações regulares**: Atualize sua política de privacidade regularmente para refletir mudanças nas práticas de coleta e uso de dados.

Conformidade com regulamentações

Certifique-se de que suas práticas de coleta e processamento de dados estejam em conformidade com as regulamentações de proteção de dados.

- **GDPR**: Se você opera na União Europeia ou atende clientes da UE, cumpra o Regulamento Geral de Proteção de Dados (GDPR).
- **CCPA**: Para operações na Califórnia, cumpra a Lei de

Privacidade do Consumidor da Califórnia (CCPA).
- **Outras regulamentações**: Esteja ciente e em conformidade com outras regulamentações locais ou regionais relevantes.

Minimização de dados

Colete apenas os dados necessários para realizar as transações e forneça serviços aos seus clientes.

- **Revisão de dados**: Revise regularmente os dados coletados para garantir que sejam necessários para suas operações.
- **Eliminação segura**: Elimine dados desnecessários de maneira segura e permanente para minimizar o risco de exposição.

Direitos dos titulares de dados

Respeite os direitos dos titulares de dados, permitindo que os clientes acessem, corrijam e excluam suas informações pessoais.

- **Acesso aos dados**: Permita que os clientes solicitem uma cópia dos seus dados pessoais armazenados.
- **Correção e exclusão**: Atenda solicitações de correção e exclusão de dados pessoais de forma rápida e eficiente.

ESTRATÉGIAS DE EDUCAÇÃO E CONSCIENTIZAÇÃO

Educar sua equipe e seus clientes sobre práticas de segurança e privacidade é essencial para manter um ambiente seguro.

Treinamento da equipe

Ofereça treinamento regular sobre segurança da informação e privacidade de dados para sua equipe.

- **Políticas de segurança**: Ensine sua equipe sobre as políticas de segurança e privacidade da empresa.
- **Reconhecimento de ameaças**: Treine a equipe para

reconhecer e responder a ameaças comuns, como phishing e engenharia social.
- **Boas práticas de segurança**: Incentive práticas seguras, como o uso de senhas fortes e a autenticação de dois fatores.

Educação do cliente

Eduque seus clientes sobre a importância da segurança e privacidade, e como proteger suas informações pessoais.

- **Guias e tutoriais**: Ofereça guias e tutoriais sobre como criar senhas fortes e reconhecer tentativas de phishing.
- **Comunicações regulares**: Envie comunicações regulares destacando práticas de segurança e alertas sobre ameaças emergentes.

MONITORAMENTO E RESPOSTA A INCIDENTES

Implemente processos robustos de monitoramento e resposta a incidentes para lidar rapidamente com qualquer violação de segurança.

Monitoramento contínuo

Monitore continuamente seus sistemas e redes para detectar atividades suspeitas e violações de segurança.

- **Logs de segurança**: Mantenha e analise logs de segurança para identificar padrões incomuns.
- **Alertas e notificações**: Configure alertas e notificações para atividades que possam indicar uma violação de segurança.

Plano de resposta a incidentes

Desenvolva e implemente um plano de resposta a incidentes para lidar rapidamente com qualquer violação de segurança.

- **Procedimentos de resposta**: Defina procedimentos claros para isolar, conter e mitigar incidentes de segurança.
- **Equipes de resposta**: Forme equipes de resposta a incidentes com responsabilidades definidas.
- **Comunicação**: Estabeleça canais de comunicação para notificar rapidamente as partes interessadas internas e externas.

Revisão pós-incidente

Após um incidente de segurança, realize uma revisão completa para identificar causas raízes e implementar melhorias.

- **Análise de causa raiz**: Identifique a causa raiz do incidente e as falhas que permitiram sua ocorrência.
- **Ações corretivas**: Implemente ações corretivas para evitar que incidentes semelhantes ocorram no futuro.
- **Atualização de políticas**: Atualize políticas e procedimentos de segurança com base nas lições aprendidas.

FERRAMENTAS DE SEGURANÇA E PRIVACIDADE

Utilize ferramentas eficazes para implementar e gerenciar suas estratégias de segurança e privacidade.

Ferramentas de segurança

- **Antivírus e antimalware**: Utilize soluções robustas para proteger contra malware e outras ameaças.
- **Firewalls de aplicação web (WAF)**: Proteja seu site contra ataques comuns com WAFs.
- **Sistemas de detecção de intrusão (IDS)**: Monitore e responda a atividades suspeitas com IDS.

Ferramentas de privacidade

- **Gestão de consentimento**: Utilize ferramentas de

gestão de consentimento para coletar e gerenciar o consentimento dos clientes.
- **Plataformas de conformidade**: Utilize plataformas que ajudam a garantir a conformidade com regulamentos como GDPR e CCPA.
- **Anonimização e pseudonimização**: Utilize técnicas de anonimização e pseudonimização para proteger dados sensíveis.

MEDINDO A EFICÁCIA DAS MEDIDAS DE SEGURANÇA E PRIVACIDADE

Monitorar e avaliar a eficácia das suas medidas de segurança e privacidade é crucial para garantir a proteção contínua dos dados.

Principais métricas de desempenho

Acompanhe as principais métricas para avaliar a eficácia das suas medidas de segurança e privacidade.

- **Número de incidentes de segurança**: Monitore o número de incidentes de segurança reportados e resolvidos.
- **Tempo de resposta a incidentes**: Acompanhe o tempo médio para detectar e responder a incidentes de segurança.
- **Conformidade com regulamentações**: Avalie a conformidade com regulamentos de proteção de dados relevantes.

Ferramentas de Análise

Utilize ferramentas de análise para monitorar o desempenho das suas medidas de segurança e privacidade.

- **Sistemas de gestão de segurança da informação (ISMS)**: Utilize ISMS para gerenciar e monitorar suas políticas e práticas de segurança.

- **Painéis de controle de segurança**: Utilize painéis de controle para visualizar e analisar dados de segurança em tempo real.

MELHORES PRÁTICAS PARA SEGURANÇA E PRIVACIDADE

Para maximizar a eficácia das suas estratégias de segurança e privacidade, siga estas melhores práticas:

- **Proatividade**: Adote uma abordagem proativa para identificar e mitigar riscos antes que se tornem problemas.
- **Educação e treinamento**: Invista em educação contínua e treinamento para sua equipe e clientes.
- **Aprimoramento contínuo**: Avalie e melhore continuamente suas práticas de segurança e privacidade com base nas lições aprendidas e nas mudanças do ambiente de ameaças.

Garantir a segurança e a privacidade nas vendas online é essencial para proteger seus clientes e a integridade dos dados da sua empresa. Ao implementar as técnicas e práticas discutidas neste capítulo, você estará bem preparado para proteger seus dados e construir confiança com seus clientes, proporcionando uma experiência de compra segura e confiável.

No próximo capítulo, vamos explorar como integrar práticas sustentáveis e éticas em seu modelo de negócios digital, contribuindo para um impacto positivo no meio ambiente e na sociedade.

SUSTENTABILIDADE E VENDAS ÉTICAS

Integrar práticas sustentáveis e éticas ao seu modelo de negócios digital não só contribui para a preservação do meio ambiente e bem-estar social, mas também pode aumentar a lealdade dos clientes e melhorar a imagem da sua marca. Neste capítulo, exploraremos como implementar práticas sustentáveis e éticas em suas operações de vendas digitais, desde a produção até o marketing, promovendo um impacto positivo e atraindo consumidores conscientes.

A IMPORTÂNCIA DA SUSTENTABILIDADE E VENDAS ÉTICAS

Práticas sustentáveis e éticas são fundamentais para:

1. **Reduzir o impacto ambiental**: Minimize os danos ao meio ambiente através de práticas responsáveis.
2. **Promover a responsabilidade social**: Apoie comunidades e condições de trabalho justas.
3. **Aumentar a fidelidade do cliente**: Clientes conscientes preferem marcas que demonstram compromisso com sustentabilidade e ética.
4. **Melhorar a reputação da marca**: Uma abordagem ética e sustentável pode melhorar a percepção pública da sua marca.

IMPLEMENTANDO PRÁTICAS SUSTENTÁVEIS

Escolha de materiais e produtos sustentáveis

Utilize materiais e produtos que tenham um menor impacto ambiental.

- **Materiais recicláveis**: Opte por materiais recicláveis ou biodegradáveis para embalagens e produtos.
- **Recursos renováveis**: Utilize recursos renováveis e sustentáveis em seus produtos e operações.
- **Fornecedores sustentáveis**: Trabalhe com fornecedores que compartilhem seu compromisso com a sustentabilidade.

Redução de resíduos

Implemente práticas para reduzir resíduos em todas as fases do seu negócio.

- **Embalagens reduzidas**: Minimize o uso de embalagens ou use alternativas sustentáveis.
- **Reciclagem e reutilização**: Crie programas de reciclagem e reutilização para materiais e produtos.
- **Produção eficiente**: Adote processos de produção eficientes para minimizar desperdícios.

Eficiência energética

Adote práticas que aumentem a eficiência energética nas suas operações.

- **Energia renovável**: Utilize fontes de energia renovável, como solar e eólica.
- **Eficiência energética**: Invista em tecnologias e equipamentos que reduzam o consumo de energia.
- **Compensação de carbono**: Compense as emissões de carbono através de programas de compensação certificados.

PRÁTICAS DE VENDAS ÉTICAS

Transparência

Seja transparente em todas as suas práticas de negócios, desde a produção até a entrega.

- **Origem dos produtos**: Informe aos clientes sobre a origem dos seus produtos e os materiais utilizados.
- **Processos de produção**: Explique os processos de produção e as medidas de sustentabilidade implementadas.
- **Comunicação clara**: Garanta que todas as comunicações de marketing sejam claras e honestas.

Condições de trabalho justas

Apoie condições de trabalho justas para todos os envolvidos na sua cadeia de suprimentos.

- **Parceria com fornecedores éticos**: Escolha fornecedores que ofereçam condições de trabalho justas e seguras.
- **Remuneração justa**: Garanta que todos os trabalhadores sejam remunerados de maneira justa.
- **Direitos dos trabalhadores**: Apoie e respeite os direitos dos trabalhadores em toda a sua cadeia de suprimentos.

Responsabilidade social

Contribua para o bem-estar das comunidades onde você opera.

- **Projetos comunitários**: Apoie projetos comunitários e iniciativas locais.
- **Doações e voluntariado**: Encoraje doações e oportunidades de voluntariado para causas sociais e ambientais.
- **Educação e capacitação**: Invista em programas de educação e capacitação para comunidades locais.

COMUNICAÇÃO DE SUSTENTABILIDADE E ÉTICA

Marketing transparente

Comunique suas práticas sustentáveis e éticas de forma clara e autêntica.

- **Histórias de impacto**: Compartilhe histórias sobre como suas práticas sustentáveis e éticas estão fazendo a diferença.
- **Certificações**: Destaque certificações e reconhecimentos que comprovem seu compromisso com a sustentabilidade e ética.

- **Engajamento do cliente**: Envolva seus clientes em suas iniciativas, incentivando-os a participar de programas de sustentabilidade.

Relatórios de sustentabilidade

Publique relatórios de sustentabilidade para mostrar o progresso e os impactos das suas práticas.

- **Metas e resultados**: Apresente metas claras e os resultados alcançados em suas iniciativas de sustentabilidade.
- **Transparência financeira**: Inclua informações financeiras para mostrar como os recursos estão sendo utilizados.
- **Feedback do cliente**: Colete e incorpore feedback dos clientes para melhorar continuamente suas práticas.

Plataformas e canais de comunicação

Utilize diversas plataformas para comunicar suas iniciativas de sustentabilidade e ética.

- **Site e blog**: Crie uma seção dedicada à sustentabilidade e ética no seu site e blog.
- **E-mail marketing**: Inclua atualizações sobre suas práticas de sustentabilidade em suas campanhas de e-mail.
- **Webinars e workshops**: Organize webinars e workshops para educar o público sobre suas iniciativas e como eles podem contribuir.

MEDINDO O IMPACTO DAS PRÁTICAS SUSTENTÁVEIS E ÉTICAS

Monitorar e medir o impacto das suas práticas é essencial para garantir sua eficácia e melhorar continuamente.

Indicadores de desempenho

Acompanhe indicadores de desempenho chave para avaliar suas práticas sustentáveis e éticas.

- **Redução de resíduos**: Meça a quantidade de resíduos reduzidos e reciclados.
- **Eficiência energética**: Monitore o consumo de energia e a utilização de fontes renováveis.
- **Impacto social**: Avalie o impacto das suas iniciativas de responsabilidade social nas comunidades locais.

Ferramentas de monitoramento

Utilize ferramentas e tecnologias para monitorar e analisar o impacto das suas práticas.

- **Software de sustentabilidade**: Utilize software especializado para gerenciar e monitorar suas iniciativas de sustentabilidade.
- **Relatórios de impacto**: Gere relatórios detalhados para visualizar o progresso e identificar áreas de melhoria.
- **Feedback de stakeholders**: Colete feedback contínuo de stakeholders para garantir que suas práticas atendam às expectativas.

MELHORES PRÁTICAS PARA SUSTENTABILIDADE E VENDAS ÉTICAS

Para maximizar a eficácia das suas estratégias de sustentabilidade e vendas éticas, siga estas melhores práticas:

Integração no DNA da empresa

Faça da sustentabilidade e ética partes integrantes da sua cultura empresarial e operações diárias.

- **Liderança comprometida**: Garanta que a liderança da empresa esteja comprometida com a sustentabilidade e ética.
- **Engajamento dos funcionários**: Envolva todos os

funcionários nas iniciativas de sustentabilidade, oferecendo treinamento e oportunidades de participação.
- **Metas e objetivos**: Defina metas e objetivos claros relacionados à sustentabilidade e ética, e comunique-os a toda a equipe.

Colaboração e parcerias

Trabalhe em conjunto com outras empresas, organizações e stakeholders para amplificar o impacto das suas iniciativas.

- **Parcerias estratégicas**: Forme parcerias com empresas e organizações que compartilhem seus valores e objetivos de sustentabilidade.
- **Iniciativas conjuntas**: Participe de iniciativas conjuntas para enfrentar desafios ambientais e sociais comuns.
- **Engajamento comunitário**: Colabore com comunidades locais para entender suas necessidades e desenvolver soluções sustentáveis e éticas.

Inovação e melhoria contínua

Adote uma abordagem de melhoria contínua para suas práticas de sustentabilidade e ética.

- **Inovação sustentável**: Invista em pesquisa e desenvolvimento para criar produtos e processos mais sustentáveis.
- **Feedback e avaliação**: Recolha feedback regularmente de clientes, funcionários e outros stakeholders para avaliar e melhorar suas práticas.
- **Transparência e responsabilidade**: Seja transparente sobre suas práticas, desafios e progressos, e assuma a responsabilidade por melhorias contínuas.

Educação e sensibilização

Eduque e sensibilize seus clientes, funcionários e a comunidade sobre a importância da sustentabilidade e práticas éticas.

- **Programas educativos**: Desenvolva programas educativos para informar sobre os benefícios da sustentabilidade e ética.
- **Comunicação constante**: Use todos os canais disponíveis para comunicar suas iniciativas e resultados, incentivando a participação e apoio.
- **Histórias inspiradoras**: Compartilhe histórias inspiradoras sobre como suas práticas sustentáveis e éticas estão fazendo a diferença.

EXEMPLOS DE PRÁTICAS SUSTENTÁVEIS E ÉTICAS

Para ilustrar a implementação prática dessas estratégias, aqui estão alguns exemplos de como empresas podem adotar práticas sustentáveis e éticas:

Redução de desperdício em e-commerce

Uma loja online de produtos digitais pode reduzir desperdícios ao digitalizar materiais promocionais e documentos, evitando o uso excessivo de papel.

- **Documentos digitais**: Forneça documentos, faturas e guias em formato digital.
- **Embalagens sustentáveis**: Use embalagens minimalistas e feitas de materiais reciclados para produtos físicos.

Produção ética de software

Uma empresa de desenvolvimento de software pode adotar práticas de produção ética, garantindo que seus produtos sejam acessíveis e inclusivos.

- **Acessibilidade**: Desenvolva software que atenda aos padrões de acessibilidade, tornando-o utilizável por

pessoas com deficiências.
- **Inclusividade**: Crie produtos que sejam inclusivos, respeitando diversas culturas e idiomas.

Energia renovável para data centers

Empresas que operam data centers podem optar por fontes de energia renovável para alimentar suas operações.

- **Energia solar e eólica**: Invista em painéis solares e turbinas eólicas para gerar energia limpa.
- **Compensação de carbono**: Participe de programas de compensação de carbono para neutralizar as emissões remanescentes.

Integrar práticas sustentáveis e éticas ao seu modelo de negócios digital é não apenas uma responsabilidade, mas também uma oportunidade para diferenciar sua marca, aumentar a lealdade dos clientes e contribuir para um futuro mais sustentável e justo. Ao implementar as técnicas e práticas discutidas neste capítulo, você estará bem preparado para promover um impacto positivo no meio ambiente e na sociedade, enquanto impulsiona suas vendas e fortalece sua reputação.

No próximo capítulo, vamos explorar as ferramentas e tecnologias de suporte que podem ajudá-lo a otimizar suas operações de venda e marketing digital.

FERRAMENTAS E TECNOLOGIA DE SUPORTE

Utilizar as ferramentas e tecnologias certas pode otimizar significativamente suas operações de vendas e marketing digital, tornando seus processos mais eficientes e eficazes. Neste capítulo, exploraremos uma variedade de ferramentas e tecnologias de suporte que podem ajudar você a gerenciar suas campanhas, melhorar a comunicação com clientes, analisar dados e muito mais, tudo sem depender das redes sociais.

A IMPORTÂNCIA DAS FERRAMENTAS E TECNOLOGIAS DE SUPORTE

Integrar tecnologias avançadas em suas operações oferece vários benefícios:

1. **Eficiência operacional**: Automatize tarefas repetitivas, liberando tempo para atividades estratégicas.
2. **Melhoria da experiência do cliente**: Forneça um atendimento mais rápido e personalizado.
3. **Análise e tomada de decisão**: Obtenha insights valiosos para tomar decisões informadas.
4. **Escalabilidade**: Facilite o crescimento e expansão do seu negócio de maneira sustentável.

FERRAMENTAS PARA GESTÃO DE MARKETING E VENDAS

Plataformas de automação de marketing

Automatize e otimize suas campanhas de marketing com plataformas de automação.

- **HubSpot**: Plataforma completa que integra automação de marketing, CRM, e-mail marketing, SEO e muito mais.
- **Marketo**: Focada em automação de marketing B2B, com ferramentas avançadas para geração e nutrição de leads.
- **ActiveCampaign**: Combina automação de marketing com CRM para pequenas e médias empresas,

oferecendo segmentação avançada e e-mails personalizados.

Ferramentas de e-mail marketing

Gerencie suas campanhas de e-mail marketing de forma eficaz com estas ferramentas.

- **Mailchimp**: Plataforma popular que oferece automação, segmentação e análises detalhadas.
- **ConvertKit**: Ideal para criadores de conteúdo, com automação de e-mails e funis de vendas.
- **GetResponse**: Oferece recursos de automação de marketing, e-mail marketing, criação de landing pages e webinars.

CRM (Customer Relationship Management)

Gerencie seus relacionamentos com clientes e leads com sistemas de CRM.

- **Salesforce**: Plataforma líder em CRM com ampla gama de funcionalidades para gestão de vendas, marketing e atendimento ao cliente.
- **Zoho CRM**: Solução acessível e personalizável, adequada para pequenas e médias empresas.
- **Pipedrive**: Focada em vendas, ajudando a gerenciar o pipeline de vendas de maneira visual e intuitiva.

FERRAMENTAS DE ANÁLISE DE DADOS

Análise de site e SEO

Monitore e otimize o desempenho do seu site e SEO com ferramentas de análise.

- **Google Analytics**: Ferramenta essencial para análise de tráfego, comportamento do usuário e conversões.
- **SEMrush**: Plataforma completa para pesquisa de palavras-chave, análise de concorrência, auditoria de

site e muito mais.

- **Ahrefs**: Ideal para análise de backlinks, pesquisa de palavras-chave e rastreamento de posição.

Ferramentas de BI (Business Intelligence)

Transforme dados em insights acionáveis com ferramentas de BI.

- **Tableau**: Plataforma poderosa para visualização de dados, permitindo criar dashboards interativos e relatórios detalhados.
- **Power BI**: Ferramenta da Microsoft que oferece análise de dados avançada e integração com outras soluções da Microsoft.
- **Looker**: Plataforma de BI que facilita a criação de relatórios e dashboards personalizados.

FERRAMENTAS DE ATENDIMENTO AO CLIENTE

Sistemas de Help Desk

Gerencie e resolva tickets de suporte ao cliente de forma eficiente.

- **Zendesk**: Plataforma popular para atendimento ao cliente, oferecendo gestão de tickets, chat ao vivo e base de conhecimento.
- **Freshdesk**: Solução acessível que oferece gestão de tickets, automação de workflows e relatórios.
- **Help Scout**: Focado em pequenas e médias empresas, oferece gestão de tickets, base de conhecimento e relatórios.

Chatbots e chat ao vivo

Melhore a comunicação com os clientes utilizando chatbots e ferramentas de chat ao vivo.

- **Intercom**: Plataforma que combina chat ao vivo,

automação de marketing e gestão de tickets.
- **Drift**: Focado em conversas de vendas, oferece chat ao vivo, chatbots e automação de marketing.
- **Tawk.to**: Ferramenta gratuita de chat ao vivo, com opções de personalização e integração com outras plataformas.

Ferramentas de feedback do cliente

Colete e analise feedback dos clientes para melhorar seus produtos e serviços.

- **SurveyMonkey**: Plataforma popular para criação e distribuição de pesquisas de feedback.
- **Typeform**: Ferramenta para criação de formulários e pesquisas interativas e envolventes.
- **Qualtrics**: Plataforma avançada para coleta de feedback, análise e gestão da experiência do cliente.

FERRAMENTAS DE GESTÃO DE PROJETOS

Software de gestão de projetos

Planeje, execute e acompanhe projetos de maneira eficiente com ferramentas de gestão de projetos.

- **Trello**: Plataforma visual baseada em quadros Kanban, ideal para gestão de tarefas e projetos.
- **Asana**: Ferramenta robusta para gestão de projetos e colaboração em equipe, com várias opções de visualização e relatórios.
- **Monday.com**: Plataforma flexível que permite personalizar fluxos de trabalho e gerenciar projetos de maneira eficiente.

Colaboração e comunicação

Facilite a colaboração e comunicação entre equipes com ferramentas dedicadas.

- **Slack**: Plataforma de comunicação em equipe que integra mensagens, arquivos e aplicativos em um só lugar.
- **Microsoft Teams**: Ferramenta de comunicação e colaboração que se integra perfeitamente com o Office 365.
- **Google Workspace**: Conjunto de ferramentas de produtividade e colaboração da Google, incluindo Gmail, Docs, Drive e Meet.

FERRAMENTAS DE PAGAMENTOS E FATURAMENTO

Sistemas de pagamento online

Gerencie pagamentos online de forma segura e eficiente.

- **Stripe**: Plataforma completa para gestão de pagamentos online, com suporte para diversos métodos de pagamento e moedas.
- **PayPal**: Solução popular para pagamentos online, fácil de integrar e com uma ampla base de usuários.
- **Square**: Oferece soluções de pagamento online e no ponto de venda (POS), ideal para pequenos negócios.

Software de faturamento e contabilidade

Automatize a faturação e contabilidade com ferramentas dedicadas.

- **QuickBooks**: Software de contabilidade popular que oferece gestão de faturas, despesas e relatórios financeiros.
- **FreshBooks**: Ideal para pequenas empresas e freelancers, oferece faturação, gestão de despesas e relatórios.
- **Xero**: Plataforma de contabilidade baseada na nuvem, com funcionalidades avançadas de gestão financeira.

MELHORES PRÁTICAS PARA A UTILIZAÇÃO DE

FERRAMENTAS E TECNOLOGIAS

Para maximizar a eficácia das ferramentas e tecnologias de suporte, siga estas melhores práticas:

Escolha das ferramentas certas

Selecione ferramentas que atendam às necessidades específicas do seu negócio.

- **Avaliação de necessidades**: Avalie suas necessidades e objetivos antes de escolher ferramentas.
- **Teste e avaliação**: Teste diferentes ferramentas para encontrar a que melhor se adapta às suas operações.
- **Integração**: Certifique-se de que as ferramentas escolhidas podem ser integradas entre si para otimizar fluxos de trabalho.

Treinamento e capacitação

Treine sua equipe para utilizar as ferramentas de maneira eficaz.

- **Treinamento Inicial**: Ofereça treinamento completo durante a implementação das ferramentas.
- **Capacitação Contínua**: Proporcione oportunidades de capacitação contínua para garantir que a equipe esteja sempre atualizada.
- **Documentação e Recursos**: Disponibilize documentação e recursos de suporte para ajudar a equipe a resolver dúvidas e problemas.

Monitoramento e avaliação

Monitore e avalie continuamente o desempenho das ferramentas e tecnologias utilizadas.

- **Análise de desempenho**: Utilize ferramentas de análise para monitorar o desempenho e identificar áreas de melhoria.
- **Feedback da equipe**: Coleta feedback contínuo da

equipe para entender os desafios e oportunidades de melhoria.

- **Atualização de ferramentas**: Esteja atento a novas atualizações e funcionalidades das ferramentas, e implemente-as quando necessário.

Utilizar as ferramentas e tecnologias certas pode transformar a maneira como você gerencia suas operações de vendas e marketing digital. Ao implementar as técnicas e práticas discutidas neste capítulo, você estará bem preparado para otimizar seus processos, melhorar a eficiência e proporcionar uma experiência superior aos seus clientes.

No próximo capítulo, vamos explorar como se adaptar às mudanças no mercado digital, mantendo-se ágil e preparado para responder às novas tendências e desafios.

ADAPTAÇÃO A MUDANÇAS NO MERCADO DIGITAL

O mercado digital está em constante evolução, com novas tecnologias, comportamentos do consumidor e tendências emergindo a cada dia. Adaptar-se a essas mudanças é crucial para manter a relevância e o sucesso do seu negócio. Neste capítulo, vamos explorar como identificar mudanças no mercado digital e implementar estratégias para se adaptar rapidamente, garantindo que seu negócio continue competitivo e próspero.

A IMPORTÂNCIA DA ADAPTAÇÃO

Adaptar-se rapidamente às mudanças no mercado digital oferece vários benefícios:

1. **Competitividade**: Manter-se à frente dos concorrentes adotando novas tecnologias e tendências.
2. **Relevância**: Atender às expectativas e necessidades em constante mudança dos consumidores.
3. **Inovação**: Aproveitar novas oportunidades de mercado e crescimento.
4. **Resiliência**: Preparar seu negócio para enfrentar desafios e incertezas.

IDENTIFICAÇÃO DE MUDANÇAS NO MERCADO DIGITAL

Monitoramento de tendências

Fique atento às tendências emergentes que podem impactar seu negócio.

- **Publicações e blogs da indústria**: Siga publicações e blogs respeitáveis que cobrem as últimas tendências em marketing digital, e-commerce e tecnologia.
- **Relatórios de pesquisa**: Consulte relatórios de pesquisa de mercado de empresas como Nielsen, Gartner e Forrester.
- **Webinars e conferências**: Participe de webinars e conferências para aprender sobre as novidades do setor.

Análise de concorrentes

Observe o que seus concorrentes estão fazendo para se manter atualizados e competitivos.

- **Estudo de casos**: Analise casos de sucesso e fracasso de seus concorrentes para entender o que está funcionando e o que não está.
- **Ferramentas de monitoramento de concorrentes**: Use ferramentas como SEMrush e Ahrefs para monitorar as atividades online dos concorrentes.

Feedback do cliente

Colete feedback contínuo de seus clientes para entender suas necessidades e expectativas.

- **Pesquisas de satisfação**: Envie pesquisas regulares para avaliar a satisfação dos clientes e obter insights sobre suas preferências.
- **Análise de comentários**: Analise comentários e avaliações em plataformas de review e redes sociais para identificar áreas de melhoria.

Dados e análises

Utilize dados e análises para identificar mudanças no comportamento do consumidor e no mercado.

- **Google Analytics**: Monitore o comportamento dos visitantes em seu site para identificar mudanças nas preferências e interesses.
- **Ferramentas de BI**: Use ferramentas de Business Intelligence para analisar dados de vendas, marketing e operações.

ESTRATÉGIAS DE ADAPTAÇÃO

Inovação contínua

Fomente uma cultura de inovação para se manter à frente das mudanças do mercado.

- **Investimento em P&D**: Invista em pesquisa e desenvolvimento para criar novos produtos e serviços.
- **Experimentação**: Incentive a experimentação e a adoção de novas tecnologias e métodos.
- **Feedback e melhoria contínua**: Utilize o feedback dos clientes e dados de desempenho para melhorar continuamente seus produtos e processos.

Flexibilidade organizacional

Adote uma estrutura organizacional flexível que permita respostas rápidas às mudanças.

- **Equipes ágeis**: Forme equipes ágeis que possam trabalhar de forma independente e adaptável.
- **Processos flexíveis**: Desenvolva processos de negócios que possam ser rapidamente ajustados conforme necessário.
- **Treinamento e desenvolvimento**: Ofereça treinamento contínuo para que sua equipe se mantenha atualizada com as novas tecnologias e métodos.

Adoção de novas tecnologias

Aproveite novas tecnologias para melhorar a eficiência e a competitividade do seu negócio.

- **Automação**: Implemente automação em suas operações de marketing, vendas e atendimento ao cliente.
- **Inteligência artificial**: Utilize IA para personalização, análise de dados e otimização de processos.
- **Realidade aumentada e virtual**: Explore o uso de RA e RV para criar experiências de compra imersivas.

Estratégias de marketing adaptativas

Adapte suas estratégias de marketing para se alinhar às novas tendências e comportamentos do consumidor.

- **Marketing omnicanal**: Ofereça uma experiência de cliente consistente em todos os canais, online e offline.
- **Conteúdo personalizado**: Utilize dados do cliente para criar campanhas de marketing altamente personalizadas.
- **Marketing baseado em dados**: Baseie suas decisões de marketing em dados e análises para garantir eficácia e relevância.

FERRAMENTAS PARA ADAPTAÇÃO

Utilize ferramentas específicas para facilitar a adaptação às mudanças do mercado.

Ferramentas de monitoramento de tendências

- **Google Trends**: Monitore as tendências de busca para identificar interesses emergentes.
- **BuzzSumo**: Descubra conteúdos populares e tendências em redes sociais.
- **TrendWatching**: Acesse relatórios e insights sobre tendências globais.

Ferramentas de análise competitiva

- **SEMrush**: Monitoramento de palavras-chave, backlinks e estratégias de conteúdo dos concorrentes.
- **Ahrefs**: Análise de SEO e marketing de conteúdo dos concorrentes.
- **SimilarWeb**: Análise de tráfego e desempenho de sites concorrentes.

Ferramentas de feedback do cliente

- **SurveyMonkey**: Criação e distribuição de pesquisas para coleta de feedback.
- **Typeform**: Criação de formulários e pesquisas interativos.
- **Qualtrics**: Coleta e análise de feedback para gestão da experiência do cliente.

Ferramentas de análise de dados

- **Google Analytics**: Análise detalhada de tráfego e comportamento do usuário.
- **Tableau**: Visualização de dados e criação de dashboards interativos.
- **Power BI**: Análise de dados avançada e integração com outras ferramentas de Microsoft.

IMPLEMENTAÇÃO DE MUDANÇAS

Para garantir uma adaptação eficaz, é essencial implementar mudanças de maneira estruturada e estratégica.

Planejamento estratégico

Desenvolva um plano estratégico que defina como sua empresa irá se adaptar às mudanças do mercado.

- **Análise SWOT**: Realize uma análise SWOT para identificar forças, fraquezas, oportunidades e ameaças.
- **Definição de objetivos**: Estabeleça objetivos claros e mensuráveis para guiar a adaptação.
- **Roadmap de implementação**: Crie um roadmap detalhado para a implementação das mudanças necessárias.

Gestão da mudança

Gerencie a mudança de maneira eficaz para minimizar a resistência e garantir a adoção bem-sucedida.

- **Comunicação clara**: Comunique claramente os motivos e benefícios das mudanças para todos os stakeholders.
- **Envolvimento da equipe**: Envolva a equipe no processo de mudança, incentivando a colaboração e o feedback.
- **Treinamento e suporte**: Ofereça treinamento e suporte contínuo para ajudar a equipe a se adaptar às novas práticas e tecnologias.

Monitoramento e avaliação

Monitore e avalie continuamente o progresso e o impacto das mudanças implementadas.

- **Métricas de sucesso**: Defina métricas claras para avaliar o sucesso das mudanças.
- **Feedback contínuo**: Colete feedback contínuo para identificar áreas de melhoria.
- **Ajustes e otimizações**: Faça ajustes e otimizações com base nos dados e feedback coletados.

EXEMPLOS DE ADAPTAÇÃO A MUDANÇAS

Para ilustrar a adaptação prática às mudanças do mercado, aqui estão alguns exemplos:

Adaptação ao e-commerce

Durante a pandemia de COVID-19, muitas empresas precisaram adaptar rapidamente suas operações para o e-commerce.

- **Lojas físicas para online**: Empresas de varejo tradicional migraram para plataformas de e-commerce para continuar atendendo seus clientes.
- **Entrega e logística**: Adaptação dos serviços de entrega e logística para atender ao aumento da demanda online.

Utilização de IA para personalização

Empresas de marketing digital começaram a utilizar IA para personalizar suas campanhas e melhorar a experiência do cliente.

- **Recomendações de produtos**: Plataformas de e-commerce utilizam IA para oferecer recomendações personalizadas de produtos.
- **Chatbots inteligentes**: Implementação de chatbots baseados em IA para fornecer suporte ao cliente 24/7.

Marketing de conteúdo visual

Com o aumento do consumo de conteúdo visual, empresas começaram a investir mais em vídeos e infográficos.

- **Produção de vídeos**: Criação de vídeos explicativos, tutoriais e conteúdo de marca.
- **Infográficos**: Utilização de infográficos para comunicar informações de forma visual e atraente.

Adaptar-se rapidamente às mudanças no mercado digital é crucial para manter a relevância e o sucesso do seu negócio. Ao implementar as técnicas e práticas discutidas neste capítulo, você estará bem preparado para identificar e responder às novas tendências e desafios, garantindo a competitividade e o crescimento contínuo da sua empresa.

No próximo capítulo, vamos explorar os desafios específicos das vendas discretas e como superá-los para maximizar o sucesso das suas estratégias de marketing e vendas sem uma presença ativa nas redes sociais.

DESAFIOS DAS VENDAS DISCRETAS

Adotar uma abordagem discreta para vendas digitais, sem depender de uma presença ativa nas redes sociais, traz uma série de desafios específicos. Neste capítulo, exploraremos esses desafios e ofereceremos estratégias práticas para superá-los, garantindo que você possa alcançar e engajar seu público de maneira eficaz e sustentável.

COMPREENDENDO OS DESAFIOS DAS VENDAS DISCRETAS

Visibilidade limitada: Sem uma presença ativa nas redes sociais, pode ser mais difícil alcançar um grande público e aumentar a visibilidade do seu produto.

Engajamento e relacionamento: As redes sociais oferecem uma plataforma fácil para engajar e interagir com os clientes. Sem elas, é necessário encontrar outras formas de manter um relacionamento próximo e contínuo com seu público.

Construção de confiança: As redes sociais frequentemente funcionam como prova social, onde testemunhos, avaliações e interações positivas ajudam a construir a confiança do consumidor.

Geração de leads: As redes sociais são ferramentas poderosas para geração de leads. Sem elas, você precisa de estratégias alternativas para capturar leads qualificados.

ESTRATÉGIAS PARA SUPERAR OS DESAFIOS DAS VENDAS DISCRETAS

Utilização eficiente de SEO

Aumente a visibilidade do seu site e produtos através de otimização para motores de busca (SEO).

- **Pesquisa de palavras-chave:** Utilize ferramentas como SEMrush e Ahrefs para identificar palavras-chave relevantes que seu público-alvo está buscando.
- **Otimização on-page:** Garanta que suas páginas sejam

otimizadas com palavras-chave, meta descrições, URLs amigáveis e conteúdo de qualidade.
- **Criação de conteúdo**: Produza conteúdo de valor, como blogs, whitepapers e guias, que atraem tráfego orgânico e posicionam sua marca como uma autoridade no setor.

Estratégias de e-mail marketing

Engaje seu público e mantenha um relacionamento contínuo através de campanhas de e-mail marketing.

- **Captação de e-mails**: Utilize formulários de captura em seu site para construir uma lista de e-mails.
- **Campanhas automatizadas**: Configure sequências de e-mails automatizados para nutrir leads e manter os clientes informados e engajados.
- **Personalização**: Personalize suas mensagens com base no comportamento e interesses dos destinatários para aumentar a relevância e o engajamento.

Prova social alternativa

Construa confiança e credibilidade usando alternativas às interações nas redes sociais.

- **Testemunhos no site**: Exiba testemunhos de clientes satisfeitos diretamente em seu site.
- **Estudos de caso**: Publique estudos de caso detalhados que mostram como seu produto ajudou outros clientes a resolver problemas específicos.
- **Avaliações em plataformas de terceiros**: Incentive seus clientes a deixarem avaliações em plataformas de review confiáveis, como Google Reviews e Trustpilot.

Parcerias e colaborações

Expanda seu alcance através de parcerias estratégicas e colaborações.

- **Parcerias de conteúdo**: Colabore com outras empresas ou influenciadores do setor para criar e compartilhar conteúdo de valor.
- **Programas de afiliados**: Desenvolva um programa de afiliados onde parceiros promovem seus produtos em troca de comissões.
- **Co-marketing**: Realize campanhas de co-marketing com empresas que compartilhem um público-alvo semelhante.

Webinars e workshops online

Organize eventos online para engajar seu público e demonstrar o valor dos seus produtos.

- **Webinars educativos**: Ofereça webinars que educam seu público sobre temas relevantes ao seu setor e mostram como seus produtos podem ajudar.
- **Workshops interativos**: Realize workshops online que permitem aos participantes interagir, fazer perguntas e aprender mais sobre seus produtos.

Marketing de conteúdo focado

Crie e distribua conteúdo valioso que atrai e mantém a atenção do seu público.

- **Blog**: Mantenha um blog atualizado com artigos que abordem os interesses e desafios do seu público.
- **E-books e whitepapers**: Produza e-books e whitepapers que ofereçam insights profundos e úteis.
- **Vídeos e podcasts**: Crie vídeos e podcasts que forneçam informações e entretenimento, atraindo uma audiência fiel.

FERRAMENTAS PARA SUPORTAR VENDAS DISCRETAS

Ferramentas de SEO

- **Google Analytics**: Monitore o desempenho do seu site e identifique oportunidades de otimização.
- **SEMrush**: Ferramenta abrangente para pesquisa de palavras-chave, análise de concorrência e auditoria de SEO.
- **Ahrefs**: Ideal para análise de backlinks, pesquisa de palavras-chave e rastreamento de posição.

Ferramentas de e-mail marketing

- **Mailchimp**: Plataforma completa para automação de e-mails, segmentação e análises detalhadas.
- **ConvertKit**: Ideal para criadores de conteúdo, com automação avançada e fácil segmentação.
- **ActiveCampaign**: Combina automação de e-mails com CRM para uma gestão completa de leads e clientes.

Ferramentas de feedback e avaliação

- **SurveyMonkey**: Criação e distribuição de pesquisas para coleta de feedback.
- **Typeform**: Criação de formulários e pesquisas interativos e envolventes.
- **Qualtrics**: Plataforma avançada para coleta de feedback e análise da experiência do cliente.

Plataformas de webinars

- **Zoom**: Plataforma popular para webinars e reuniões online.
- **Webex**: Oferece ferramentas robustas para webinars e conferências.
- **GoToWebinar**: Focado em webinars com recursos avançados de interação e análise.

EXEMPLOS DE SUCESSO EM VENDAS DISCRETAS

Para ilustrar a implementação prática dessas estratégias, aqui estão alguns exemplos de empresas que adotaram abordagens de vendas discretas com sucesso:

HubSpot

A HubSpot utiliza uma combinação de SEO, marketing de conteúdo e e-mail marketing para atrair e engajar seu público, sem depender fortemente das redes sociais. Seus blogs, e-books e webinars educacionais são ferramentas-chave para nutrir leads e converter visitantes em clientes.

Basecamp

A Basecamp, uma empresa de software de gestão de projetos, foca em marketing de conteúdo e parcerias estratégicas. Eles publicam estudos de caso detalhados e colaboram com influenciadores e empresas complementares para alcançar novos públicos.

Buffer

Buffer, uma ferramenta de gerenciamento de mídias sociais, utiliza um blog robusto, whitepapers e webinars para educar seu público e demonstrar o valor de seus produtos. Eles também investem em SEO para garantir uma presença forte nos motores de busca.

MEDINDO O SUCESSO DAS VENDAS DISCRETAS

Monitorar e avaliar continuamente o desempenho das suas estratégias de vendas discretas é crucial para garantir sua eficácia.

Principais métricas de desempenho

Acompanhe as métricas-chave para avaliar o sucesso das suas vendas discretas.

- **Tráfego orgânico**: Monitore o tráfego orgânico para entender o impacto das suas estratégias de SEO.
- **Taxa de conversão**: Acompanhe a taxa de conversão de

leads em clientes.
- **Engajamento de e-mail**: Monitore taxas de abertura, cliques e respostas das suas campanhas de e-mail.
- **Feedback do cliente**: Coleta e analise feedback do cliente para identificar áreas de melhoria.

Ferramentas de análise

Utilize ferramentas de análise para monitorar e avaliar o desempenho das suas estratégias.
- **Google Analytics**: Análise detalhada de tráfego e comportamento do usuário.
- **Plataformas de e-mail marketing**: Use ferramentas de análise integradas nas plataformas de e-mail para monitorar o desempenho das campanhas.
- **CRM**: Utilize um sistema de CRM para rastrear e gerenciar leads e clientes ao longo do funil de vendas.

MELHORES PRÁTICAS PARA VENDAS DISCRETAS

Para maximizar a eficácia das suas estratégias de vendas discretas, siga estas melhores práticas:
- **Consistência**: Mantenha uma abordagem consistente e contínua em todas as suas estratégias de marketing e vendas.
- **Personalização**: Personalize suas comunicações e ofertas para atender às necessidades e preferências dos clientes.
- **Acompanhamento regular**: Monitore e ajuste continuamente suas estratégias com base nos dados e feedback coletados.
- **Foco no valor**: Concentre-se em fornecer valor real ao seu público através de conteúdo educativo e produtos de alta qualidade.

Adotar uma abordagem discreta para vendas digitais apresenta desafios únicos, mas com as estratégias certas, você pode superá-los e alcançar sucesso. Ao implementar as técnicas e práticas discutidas neste capítulo, você estará bem preparado para maximizar o impacto das suas vendas discretas, engajar seu público e impulsionar suas vendas.

No próximo capítulo, vamos explorar recursos educacionais para aprimorar suas habilidades e conhecimento em vendas e marketing digital, ajudando você a se manter atualizado e competitivo no mercado em constante evolução.

RECURSOS EDUCACIONAIS PARA VENDAS E MARKETING DIGITAL

Para se manter competitivo no mercado digital em constante evolução, é fundamental continuar aprendendo e aprimorando suas habilidades. Existem muitos recursos educacionais disponíveis que podem ajudar você a aprofundar seu conhecimento em vendas e marketing digital, desde cursos online e livros até webinars e blogs especializados. Neste capítulo, exploraremos uma variedade de recursos educacionais para ajudar você a se manter atualizado e aprimorar suas estratégias de marketing e vendas.

A IMPORTÂNCIA DA EDUCAÇÃO CONTÍNUA

Continuar aprendendo e se atualizando oferece vários benefícios:

1. **Competitividade**: Manter-se à frente das tendências e melhores práticas do setor.
2. **Inovação**: Implementar novas ideias e tecnologias em suas estratégias de marketing e vendas.
3. **Crescimento profissional**: Desenvolver suas habilidades e conhecimentos para avançar em sua carreira.
4. **Adaptação**: Responder rapidamente às mudanças no mercado e nas preferências do consumidor.

CURSOS ONLINE E PLATAFORMAS DE APRENDIZAGEM

Coursera

Oferece uma ampla variedade de cursos em parceria com universidades e instituições renomadas.

- **Coursera**: Cursos como "Digital Marketing Specialization" da Universidade de Illinois e "SEO Specialization" da Universidade da Califórnia, Davis.
- **Certificações**: Conquiste certificações reconhecidas que podem fortalecer seu currículo e habilidades práticas.

Udemy

Plataforma que oferece cursos acessíveis sobre diversos tópicos, incluindo marketing digital e vendas.

- **Udemy**: Cursos como "The Complete Digital Marketing Course" e "SEO 2023: Complete SEO Training + SEO for WordPress Websites".
- **Avaliações e feedback**: Leia avaliações de outros alunos para escolher os cursos que melhor atendem às suas necessidades.

LinkedIn Learning

Plataforma integrada ao LinkedIn, oferecendo cursos focados em habilidades profissionais.

- **LinkedIn Learning**: Cursos como "Online Marketing Foundations", "Content Marketing Foundations" e "Advanced SEO".
- **Certificados**: Adicione certificações diretamente ao seu perfil do LinkedIn para demonstrar suas habilidades.

HubSpot Academy

Oferece cursos e certificações gratuitas em marketing digital, vendas e atendimento ao cliente.

- **HubSpot Academy**: Cursos como "Inbound Marketing", "Content Marketing" e "Email Marketing".
- **Certificações**: Obtenha certificações reconhecidas pela indústria que podem melhorar sua credibilidade profissional.

LIVROS SOBRE VENDAS E MARKETING DIGITAL

"Marketing 4.0: Moving from Traditional to Digital" de Philip Kotler

Explora a transformação do marketing tradicional para o digital, oferecendo insights valiosos sobre como adaptar suas estratégias.

"Contagious: How to Build Word of Mouth in the Digital Age" de Jonah Berger

Explica como criar conteúdo e campanhas que se tornam virais e geram boca a boca no ambiente digital.

"Made to Stick: Why Some Ideas Survive and Others Die" de Chip Heath e Dan Heath

Investiga o que torna as ideias memoráveis e como aplicar esses princípios em suas estratégias de marketing e vendas.

"Building a StoryBrand: Clarify Your Message So Customers Will Listen" de Donald Miller

Oferece uma abordagem para construir uma narrativa de marca clara e envolvente que ressoe com seu público-alvo.

"Invisible Selling Machine" de Ryan Deiss

Focado em estratégias de automação de marketing para criar um processo de vendas eficaz e contínuo.

WEBINARS E CONFERÊNCIAS

Webinars gratuitos

Participe de webinars oferecidos por empresas e especialistas em marketing digital.

- **HubSpot webinars**: Webinars sobre inbound marketing, SEO, automação de marketing e muito mais.
- **SEMrush webinars**: Webinars focados em SEO, PPC, marketing de conteúdo e análise de concorrência.
- **Moz webinars**: Webinars sobre SEO, marketing de conteúdo e estratégias de inbound marketing.

Conferências de marketing digital

Participe de conferências para aprender com líderes do setor e fazer networking com outros profissionais.

- **INBOUND**: Conferência organizada pela HubSpot, focada em inbound marketing e vendas.
- **MozCon**: Conferência de SEO e marketing digital organizada pela Moz.
- **Content Marketing World**: Evento focado em estratégias de marketing de conteúdo.

BLOGS E WEBSITES ESPECIALIZADOS

Moz Blog

Fonte rica de informações e insights sobre SEO, marketing de conteúdo e melhores práticas de marketing digital.

- **Moz Blog**: Artigos detalhados e guias práticos sobre todas as coisas relacionadas a SEO e marketing digital.

Neil Patel Blog

Oferece dicas e estratégias práticas para melhorar seu marketing digital, SEO, PPC e muito mais.

- **Neil Patel Blog**: Recursos e ferramentas para ajudar a aumentar seu tráfego e conversões.

HubSpot Blog

Abrange uma ampla gama de tópicos de marketing digital, vendas e atendimento ao cliente.

- **HubSpot Blog**: Artigos educacionais, guias e estudos de caso para ajudar a melhorar suas estratégias.

SEMrush Blog

Focado em SEO, PPC, marketing de conteúdo e análise competitiva, oferecendo insights práticos e tendências do setor.

- **SEMrush Blog**: Dicas e estratégias para otimizar seu marketing digital e alcançar melhores resultados.

PODCASTS SOBRE MARKETING DIGITAL

Marketing School com Neil Patel e Eric Siu

Dicas diárias e práticas sobre SEO, marketing digital e estratégias de crescimento.

The Smart Passive Income Podcast com Pat Flynn

Explora estratégias para construir e crescer negócios online, incluindo marketing digital e empreendedorismo.

Online Marketing Made Easy com Amy Porterfield

Oferece conselhos práticos sobre como criar, comercializar e vender produtos digitais e cursos online.

The GaryVee Audio Experience com Gary Vaynerchuk

Insights sobre marketing digital, empreendedorismo e como aproveitar as tendências emergentes para crescer seu negócio.

FERRAMENTAS DE APRENDIZAGEM CONTÍNUA

Plataformas de leitura digital

Acesse uma ampla variedade de livros e materiais educativos através de plataformas de leitura digital.

- **Kindle**: Compre ou assine livros digitais sobre marketing e vendas.
- **Scribd**: Acesse um vasto catálogo de e-books e

audiolivros, incluindo títulos sobre marketing digital.

Cursos interativos

Participe de cursos interativos que oferecem uma experiência de aprendizagem mais envolvente.

- **Codecademy**: Aprenda habilidades técnicas relevantes para o marketing digital, como HTML, CSS e análise de dados.
- **Khan Academy**: Embora não focada especificamente em marketing, oferece cursos gratuitos em matemática, economia e ciência da computação que podem ser úteis.

Plataformas de webinars e conferências

Utilize plataformas dedicadas para assistir a webinars e conferências, muitas vezes disponíveis sob demanda.

- **GoToWebinar**: Plataforma para assistir a webinars ao vivo ou gravados.
- **Zoom**: Participe de webinars e conferências virtuais, muitas vezes com gravações disponíveis para visualização posterior.

MELHORES PRÁTICAS PARA EDUCAÇÃO CONTÍNUA

Para maximizar o benefício dos recursos educacionais, siga estas melhores práticas:

Defina metas de aprendizado

Estabeleça metas claras sobre o que você deseja aprender e alcançar com cada recurso educacional.

- **Objetivos específicos**: Defina objetivos específicos, como aprender SEO avançado ou melhorar suas habilidades em e-mail marketing.
- **Prazos**: Estabeleça prazos para alcançar seus objetivos

de aprendizado e mantenha-se responsável.

Pratique o que você aprende

Aplique imediatamente o que você aprende para consolidar seu conhecimento e habilidades.

- **Projetos práticos**: Crie projetos práticos para aplicar novas habilidades, como otimização de SEO ou campanhas de e-mail marketing.
- **Experimentos**: Realize experimentos com diferentes estratégias e analise os resultados para aprender com a prática.

Participe de comunidades

Junte-se a comunidades online ou grupos de estudo para compartilhar conhecimentos e aprender com outros profissionais.

- **Fóruns de discussão**: Participe de fóruns como Reddit e Quora, onde você pode fazer perguntas e compartilhar conhecimentos.
- **Grupos de networking**: Junte-se a grupos de networking no LinkedIn ou Meetup para conhecer outros profissionais e trocar ideias.

Revise e atualize

Revise regularmente o que você aprendeu e atualize seus conhecimentos com base em novas informações e tendências.

- **Revisão periódica**: Faça revisões periódicas dos materiais estudados para garantir que você retenha o conhecimento.
- **Atualizações contínuas**: Mantenha-se atualizado com as últimas tendências e melhores práticas do setor.

A educação contínua é essencial para se manter competitivo e atualizado no mercado digital em constante evolução. Ao aproveitar os recursos educacionais discutidos neste capítulo, você poderá aprimorar suas habilidades e conhecimentos em vendas e marketing digital, garantindo o sucesso a longo prazo do seu negócio.

No próximo capítulo, vamos explorar as tendências futuras para vendedores digitais que operam de maneira discreta, ajudando você a se preparar para o que está por vir no mercado digital.

FUTURO DAS VENDAS DISCRETAS

O mercado digital está em constante evolução, e as vendas discretas continuarão a ser uma estratégia valiosa para muitos empreendedores e empresas. À medida que novas tecnologias emergem e as preferências dos consumidores mudam, é importante estar preparado para adaptar suas abordagens e aproveitar as oportunidades futuras. Neste capítulo, vamos explorar as tendências emergentes e previsões para o futuro das vendas discretas, ajudando você a se preparar e se posicionar para o sucesso contínuo.

TENDÊNCIAS EMERGENTES NAS VENDAS DISCRETAS

Aumento da privacidade do consumidor

A privacidade do consumidor está se tornando cada vez mais importante, com regulamentações como o GDPR e CCPA colocando pressão adicional sobre as empresas para proteger os dados dos clientes.

- **Anonimização e pseudonimização**: Tecnologias para proteger a identidade dos consumidores enquanto ainda permite a análise de dados.
- **Transparência**: Maior ênfase em práticas transparentes de coleta e uso de dados para ganhar a confiança do consumidor.

Automação e Inteligência Artificial

A automação e a inteligência artificial (IA) estão revolucionando o marketing e as vendas digitais, permitindo processos mais eficientes e personalizados.

- **Automação de marketing**: Uso de plataformas de automação para gerenciar campanhas de e-mail, segmentação de público e nutrição de leads.
- **IA para personalização**: Implementação de IA para oferecer experiências personalizadas em escala, desde recomendações de produtos até chatbots inteligentes.

Experiências imersivas

Tecnologias como realidade aumentada (RA) e realidade virtual (RV) estão criando novas oportunidades para envolver os consumidores de maneiras inovadoras.

- **Realidade Aumentada**: Uso de RA para permitir que os consumidores visualizem produtos em seus ambientes antes de comprar.
- **Realidade Virtual**: Criação de experiências de compra imersivas que permitem aos consumidores explorar produtos e serviços em um ambiente virtual.

Comércio conversacional

O comércio conversacional, através de assistentes virtuais e chatbots, está facilitando interações mais naturais e convenientes entre empresas e consumidores.

- **Chatbots avançados**: Desenvolvimento de chatbots com IA que podem responder a consultas complexas e personalizar a experiência do cliente.
- **Assistentes virtuais**: Uso de assistentes virtuais como Alexa e Google Assistant para facilitar compras e interações com a marca.

PREVISÕES PARA O FUTURO DAS VENDAS DISCRETAS

Maior enfoque em comunidades e nichos

As vendas discretas se beneficiarão de um foco crescente em comunidades e nichos específicos, onde o engajamento e a lealdade do cliente são mais fortes.

- **Comunidades online**: Criação e engajamento de comunidades online dedicadas a interesses específicos, proporcionando um espaço para interação e suporte entre clientes.
- **Produtos e serviços personalizados**:

> Desenvolvimento de ofertas altamente personalizadas que atendem às necessidades e desejos de nichos específicos.

Integração de tecnologias avançadas

A integração de tecnologias avançadas, como blockchain e Internet das Coisas (IoT), continuará a transformar o cenário das vendas discretas.

- **Blockchain para transparência**: Uso de blockchain para garantir a transparência e segurança nas transações, aumentando a confiança dos consumidores.
- **IoT para personalização**: Utilização de dispositivos IoT para coletar dados em tempo real e oferecer experiências de compra hiperpersonalizadas.

Sustentabilidade como diferencial competitivo

A sustentabilidade se tornará um diferencial competitivo ainda mais importante, com os consumidores preferindo marcas que demonstram um compromisso genuíno com práticas éticas e sustentáveis.

- **Práticas sustentáveis**: Implementação de práticas sustentáveis em toda a cadeia de suprimentos, desde a produção até a entrega.
- **Marketing verde**: Comunicação clara e transparente sobre os esforços de sustentabilidade da empresa para atrair consumidores conscientes.

PREPARANDO-SE PARA O FUTURO

Investir em educação contínua

Mantenha-se atualizado com as últimas tendências e tecnologias através de educação contínua.

- **Cursos e certificações**: Participação em cursos online

e obtenção de certificações em áreas como IA, automação de marketing e sustentabilidade.
- **Conferências e webinars**: Participação em conferências e webinars para aprender com especialistas do setor e fazer networking com outros profissionais.

Focar na experiência do cliente

Colocar a experiência do cliente no centro das suas estratégias de vendas e marketing.

- **Personalização**: Utilizar dados e tecnologias avançadas para oferecer experiências personalizadas e relevantes.
- **Feedback contínuo**: Coletar e analisar feedback dos clientes para identificar áreas de melhoria e adaptar suas estratégias.

Adotar uma mentalidade ágil

Desenvolver uma mentalidade ágil que permita adaptação rápida às mudanças no mercado.

- **Equipes ágeis**: Formação de equipes ágeis que podem trabalhar de forma independente e se adaptar rapidamente a novas tendências e tecnologias.
- **Testes e iterações**: Realização contínua de testes e iterações para identificar o que funciona e fazer ajustes rápidos conforme necessário.

Implementar práticas sustentáveis

Adotar práticas sustentáveis em toda a sua operação para atrair consumidores conscientes e se diferenciar no mercado.

- **Sustentabilidade na cadeia de suprimentos**: Trabalhar com fornecedores que compartilhem seu compromisso com a sustentabilidade.
- **Transparência e comunicação**: Ser transparente sobre

seus esforços de sustentabilidade e comunicar essas iniciativas de maneira clara e autêntica.

O futuro das vendas discretas está repleto de oportunidades emocionantes, impulsionadas por inovações tecnológicas, mudanças nas preferências dos consumidores e um foco crescente na sustentabilidade. Ao preparar-se para essas tendências e implementar estratégias adaptativas, você pode posicionar seu negócio para o sucesso a longo prazo, mantendo-se competitivo e relevante em um mercado em constante evolução.

Esta jornada de dominar o marketing digital de forma discreta e eficaz culmina em estar bem equipado para enfrentar os desafios e aproveitar as oportunidades do futuro. Continue aprendendo, inovando e adaptando-se para garantir que sua abordagem de vendas discretas continue a prosperar e gerar resultados positivos para seu negócio.

Ao virarmos a última página desta jornada juntos, espero sinceramente que os aprendizados compartilhados aqui tenham tocado seu coração e despertado novas perspectivas. Se este livro lhe trouxe algum valor, peço gentilmente que dedique alguns momentos para deixar sua avaliação na Amazon. Suas palavras não apenas me ajudam a crescer e aprimorar minha arte, mas também guiam outros leitores em suas buscas por conhecimento e inspiração. Sua opinião é um presente valioso, tanto para mim quanto para a comunidade de leitores em busca de histórias que transformam. Agradeço de coração por compartilhar esta jornada comigo e espero que possamos nos encontrar novamente nas páginas de uma nova aventura.

REGINALDO OSNILDO

Olá, sou Reginaldo Osnildo, autor e inovador nas áreas de vendas, tecnologia, e estratégias de comunicação. Minha experiência abrange desde o ambiente acadêmico, como professor e pesquisador na Universidade do Sul de Santa Catarina, até a prática como estrategista no Grupo Catarinense de Rádios. Com um doutorado em narrativas de vendas e convergência digital, e um mestrado em storytelling e imaginário social, eu trago para meus leitores uma fusão única entre teoria e prática. Meu objetivo é fornecer conhecimento em uma linguagem simples, prática e didática, incentivando a aplicação direta na vida pessoal e profissional.

Atenciosamente

Prof. Dr. Reginaldo Osnildo

+55 48 991913865

reginaldoosnildo@gmail.com

www.ingramcontent.com/pod-product-compliance
Lightning Source LLC
Chambersburg PA
CBHW071917210526
45479CB00002B/450